Der innere Kosmos

Gespräche mit Psychologen

Herausgegeben von Heiko Ernst

WILHELM HEYNE VERLAG
MÜNCHEN

HEYNE SACHBUCH
Nr. 19/5012

Der zweite Teil des Buches erscheint unter dem Titel
Innenwelten – Gespräche mit Psychologen
im Heyne Sachbuchprogramm (19/5016)

Taschenbuchausgabe
im Wilhelm Heyne Verlag GmbH & Co. KG, München

Printed in Germany 1994
Umschlaggestaltung: Atelier Adolf Bachmann, Reischach
Herstellung: H + G Lidl, München
Satz: Fotosatz Völkl, Puchheim
Druck und Verarbeitung: Druckhaus Beltz, Hemsbach

ISBN 3-453-07058-5

Inhalt

Vorwort des Herausgebers

In diesem Buch kommen Psychologen zu Wort, die unser Wissen über menschliches Erleben und Verhalten in besonderem Maße erweitert haben. Ihre Arbeit zeichnet sich nicht nur durch Originalität und wissenschaftliche Schubkraft aus, sondern vor allem durch jene nach innen gewandte, kreative Neugier, die das Merkmal jedes Psychologen sein sollte. Die schon von den antiken Philosophen geforderte Selbsterkenntnis ist ein psychologisches Projekt, das für sich genommen bereits hohe Ansprüche an Ehrlichkeit, Genauigkeit und Kreativität stellt. Wenn dieses Motiv sich – wie bei den in diesem Buch Interviewten – verbindet mit dem ausgeprägten Willen, nicht nur die Rätsel und Abgründe des »inneren Kosmos«, der menschlichen Psyche, zu erhellen, sondern auch Hilfen und Problemlösungen anzustreben, dann gebührt der Psychologie wahrlich das Etikett »Human-Wissenschaft«. Humanität nicht als abstraktes Ideal, sondern als übergeordnetes Ziel: Weil dies in ihrem Denken und Arbeiten spürbar wird, besitzen die Erkenntnisse der in diesem Buch versammelten Psychologen eine Ausstrahlung weit über ihr akademisches Fach hinaus.

Die folgenden Gespräche sind zwischen 1974 und 1991 in der Zeitschrift *Psychologie Heute* erschienen. Diese Zeitschrift ist die einzige deutschsprachige Publikation ihrer Art, ein populäres Wissenschaftsmagazin, das psychologisches Wissen einem breiten Publikum verständlich und zugänglich macht. Die Auswahl der Gesprächspartner für diesen Band erfolgte unter dem Gesichtspunkt der zeitüberdauernden Gültigkeit ihrer Forschungsergebnisse und Erkenntnisse. Ich bedanke mich bei meinen Journalisten-Kolleg(inn)en Daniel Goleman, Elizabeth Hall und Ursula Nuber für ihre Mitarbeit an diesem Buch.

Heiko Ernst

RUDOLF ARNHEIM

»Wir denken zuviel und sehen zuwenig«

Wir trauen unseren Sinnen nicht mehr und verlassen uns lieber auf abstrakte Begriffe. Dieser Rückzug in die Welt der Worte ist typisch für eine verkopfte Kultur, die der Funktionalität und Rationalität ihre sinnlichen Erfahrungen opfert. Der Gestaltpsychologe Rudolf Arnheim glaubt, daß uns schon als Kind die Anschaulichkeit der Welt ausgetrieben wird. Wir müssen wieder lernen, unsere Sinne zu benutzen, wenn wir das langweilige Leben aus zweiter Hand aufgeben wollen.

Wenn man Ihr Buch »Anschauliches Denken« gelesen hat, wundert man sich, wie lange man es mit schmutzigen Fensterscheiben ausgehalten hat. Jetzt kommen sie einem plötzlich ganz klar vor. Man sieht wieder.

Unser Sehen ist abgestumpft und trübe geworden. Allgemeiner ausgedrückt: Unsere Sinne leiden an einer Mangelkrankheit – Auswirkung einer Verarmung unserer sinnlichen Erfahrungen.

Sie haben jahrzehntelang Kunstpsychologie und visuelle Wahrnehmung unterrichtet – an der New School for Social Research *in New York und in Harvard. Sie haben also zahlreiche Opfer dieser Mangelkrankheit behandelt. Ist diese Krankheit epidemisch?*

Ja. Ein Kind, das heute in die Schule kommt, hat eine zehn- bis 20jährige Lehrzeit im Fach Entfremdung vor sich. Es lernt zwar, ein Universum von Worten, Begriffen und Zahlen zu handhaben, aber es lernt nicht, wie man die wirkliche Welt erfährt. Am Ende der Schulzeit ist man darauf konditioniert, in unserer Kultur zu leben. Wir haben die menschliche Fähigkeit verloren, den Reichtum an Bedeutungen zu empfinden, den jedes Ereignis und jedes Objekt unseren Sinnen bietet. Für uns bedeutet »Sinnlichkeit« meistens Sex, und Sex wurde ebenso von der Liebe abgetrennt, wie wir Sehen von Verstehen abgetrennt haben. Unsere Sinne bedeuten für uns Sinnlichkeit – und das heißt bestenfalls eine angenehme Freizeitbeschäftigung, schlimmstenfalls eine sündhafte Ablenkung von den höheren Zielen für Leib und Seele.

Wer ist schuld an dieser Verkürzung des Begriffs Sinnlichkeit?

Wir alle sind Opfer einer Tradition, für die die Sinne keine andere Aufgabe hatten, als uns mit dem Rohmaterial der Erfahrung zu versorgen. Zwar ist die physische Welt tatsächlich wunderbar durch die Naturgesetze organisiert, aber diese Gesetzmäßigkeiten kann sie angeblich nicht dem menschlichen Auge vermitteln. Man unterstellt, daß es die sogenannten höheren geistigen Prozesse sind – Gedächtnis, Assoziation, Lernen und vielleicht Denken –, die das Rohmaterial der Sinne verarbeiten. Das heißt, diese höheren geistigen Prozesse tun für uns, was eine höhere Instanz in der Genesis für uns getan hat: Himmel und Erde voneinander trennen, Wasser von Land, Licht von Dunkelheit, Sonne von Mond, die fliegenden von den laufenden Dingen – und den Mann von der Frau.

Im Johannes-Evangelium beginnt der Schöpfungsbericht mit dem Satz: »Am Anfang war das Wort, und das Wort war bei Gott..« Gemäß unserer Tradition stellt die Sprache die Konzepte und Operationen zur Verfügung, mit Hilfe deren wir einer formlosen Welt Form geben. Gott hat also nichts geschaffen, er hat nur das erste Wörterbuch geschrieben.

Das ist ein modernes Mißverständnis. Der Begriff Logos in der Genesis heißt nicht Wort in unserem Sinne, sondern eher Vernunft, die dem Kosmos und der Schöpfung zugrunde liegt. Der Glaube, daß Logos Sprache heißt, spiegelt eine seltsame Perversion wider, die ihren Ursprung im 18. Jahrhundert hatte. Deutsche Denker wie Johann Gottfried Herder und Wilhelm von Humboldt bezweifelten die Unmittelbarkeit der Sinne. Humboldt bemerkte in einer seiner anthropologischen Schriften, daß der Mensch die Objekte seiner Welt in einem Netz von Worten einfangen muß. Erst durch die Sprache gewinnt er Kontrolle über das Chaos seiner Sinne. Er erfindet eine Kultur, die auf diesem Gewebe von Worten gründet. »Jede Sprache zeigt einen magischen Kreis um das Volk, dem sie zugehörig ist, einen Kreis, aus dem es kein Entrinnen gibt, außer man tritt in einen anderen hinein.«

Jede Kultur entwickelt demnach einen linguistischen Nationalismus, der die Spannweite unserer Erfahrung einengt.

Sprache ist aber auch dazu gemacht, um persönliche Erlebensweisen zu ersetzen. Benjamin Lee Whorf behauptet, daß wir kein Objekt erkennen können, bevor wir nicht ein Wort dafür haben. Ludwig Wittgenstein versucht uns davon zu überzeugen, daß wir nicht wissen, was wir nicht mit Worten beschreiben können. Das ist ein blindes Vorurteil. Im Gegenteil: Dinge, die sich mit Worten beschreiben lassen, sind relativ selten.

Ich kann mich an eine Begebenheit aus meiner Jugend in Deutschland erinnern. Als ich noch sehr klein war, zog gelegentlich ein ganz bestimmter Geruch an unserem Haus vorbei. Diesen Geruch kannte ich sehr gut, ohne ihn mit Worten beschreiben zu können. Ich kannte ihn ebenso gut, wie man ein Gesicht kennt. Es ist unmöglich, ein bestimmtes menschliches Gesicht zu beschreiben, und doch kennen und erkennen wir unsere Freunde, selbst nach vielen Jahren. Schließlich fand ich eines Tages heraus, was für ein Geruch das war – es war der süße Duft von Hefe aus einer Brauerei. Es muß also in der Nähe unserer Wohnung eine Brauerei gegeben haben. Aber ich hatte keine Worte für meine Empfindung.

Es erstaunt mich, wie erwachsene Menschen ernsthaft glauben können, daß Worte vor der Erfahrung kommen sollen. Für mich ist dies der Ausdruck einer Verarmung in der Wahrnehmung des zeitgenössischen Menschen.

Der kanadische Medienforscher Marshall McLuhan glaubt, daß das gedruckte Wort uns von der Welt direkter Erfahrungen entfremdet hat.

Das gedruckte Wort ist nicht das Problem. Das Problem ist so alt wie die Menschheit, so alt wie die Sprache. Sprache ist ein mächtiges Instrument, das uns erlaubt, unsere Erfahrungen zu benennen, vom Besonderen auf das Allgemeine zu generalisieren, das Perzept mit dem Konzept zu vereinen, mit Konzepten umzugehen, als ob sie Dinge wären – alles mit dem Risiko, sich von dem Objekt selbst, über das wir reden, zu entfernen. Ich glaube, daß, sobald man für ein Ding einen Begriff gefunden hat, das Ding selbst ausgeschlossen wird von der weiteren Überprüfung durch die Erfahrung. Wenn man unsere Begriffe nicht ständig neuer Erfahrung aussetzt, werden sie sehr schnell rigide und starr. Sie werden leblose Klischees, Fossilien der Erfahrung.

Es ist überraschend, wie ähnlich das Studium der Etymologie – also der Ursprünge unserer Worte – der Archäologie oder der Paläontologie ist. Wenn man nur weit genug zurückgeht, kann man feststellen, daß jedes Wort seinen Ursprung in einer Wahrnehmung hat. Das englische Wort für eine Blume, »daisy«, beispielsweise ist ein Kondensat des wunderschönen Wort-Bildes »day's eye«.

Als ich Japan besuchte, faszinierten mich die Schriftzeichen, die sie dort anstelle eines Alphabets benutzen. Jedes Zeichen ist das Rudiment eines Bildes. Das Wort Sehen ist das Bild eines Auges, das auf zwei Beinen läuft.

Ich stelle mir ein verbales Konzept gerne als ein Gefäß vor, das wir über eine bestimmte Erfahrung stülpen, um zu sehen, ob es paßt. Aber unglücklicherweise fängt jedermann sofort an, die Gefäße herumzuschieben. Ein gut Teil der Beiträge in psychologischen und anderen Fachjournalen besteht heute im Hinundherbewegen von solchen Konzepten. Es wird regelrecht zu einem Trickspiel, bei dem man schließlich nicht mehr weiß, was unter welchem Gefäß verborgen ist. Und bei diesem Jonglieren mit Worthülsen wird die wirkliche Erfahrung irgendwie unter den Teppich gekehrt, und niemand weiß mehr, worüber eigentlich geredet wird. Man muß also raten, und wenn man raten muß, verliert man sehr oft.

So scheint es beispielsweise mit dem Etikett Schizophrenie gegangen zu sein. Es entstand als ein Bild dafür, daß ein Patient scheinbar so handelte, als ob *er zwei verschiedene Personen sei. Aber mit der Zeit haben die Psychologen das »als ob« aus den Augen verloren und eine Metapher in einen Mythos verwandelt.*

Die großen Entdeckungen kamen von Menschen, die bestehende Konzepte ignorierten und auf die Erfahrung zurückgegangen sind. Einige Psychologen haben Angst, ihre verbalen Konzepte aufzugeben. Sie lassen sich von Patienten frustrieren, die scheinbar in keine Lehrbuchdefinition hineinpassen. Sie sind geblendet von einem Konzept der Normalität und einem anderen Konzept für Verrücktheit. Erinnern Sie sich an Sir Francis Galton, der in einem Bonmot über Statistiker von einem Mann erzählt hat, der, aus der Ebene Englands kommend, bei einer Reise durch die Schweiz gemeint hatte: »Wenn man alle Berge in die Seen hineinschmeißen könnte, würde man zwei Ärgernisse auf einmal loswerden.«

Ronald Laing hat behauptet, daß Verrücktheit der einzige Ausweg aus dieser verbalen Falle sei.

Wenn er das behauptet, ist er ein Opfer derselben Perversion. Er nimmt nämlich an, daß nichtverbale Erfahrung irrational sei – sein Dogma der Verrücktheit leugnet die Genauigkeit und Artikulation der unmittelbaren Erfahrung genauso, wie es die deutschen Philosophen vor 200 Jahren getan haben. Unsere Sinne sind eine Quelle der geistigen Gesundheit. Im Gegenteil: Menschen, die einer sensorischen Deprivation ausgesetzt sind, werden verrückt.

Was läßt sich zur Ehrenrettung der Sprache sagen?

Ich bin selbst ein Mensch des Wortes – ich verdiene meinen Lebensunterhalt durch Reden und Schreiben. Schon deshalb hoffe ich, daß wir die Worte niemals aufgeben. Und ich muß zugeben, daß die englische Sprache sehr gut zu mir war. Man kann in einer fremden Sprache nie so gut schreiben wie in seiner Muttersprache. Man kann lernen, sich korrekt auszudrücken, aber man kann nicht lernen, in der fremden Sprache zu mogeln. Ich kann deutsch so gut, daß ich mich durch eine kleine Färbung eines Satzes um Dinge herummogeln kann, bei denen ich nicht ganz sicher bin. Das ist eine ständige Versuchung. Auf englisch muß ich die Wahrheit sagen, oder ich bin verloren.

Ich habe mir zur Grundregel gemacht, nie einen Satz zu schreiben, ohne ein bestimmtes Objekt oder eine bestimmte Handlung im Kopf zu haben. Wenn ich ein Konzept beschreibe, muß ich ein Beispiel vor Augen haben, das für dieses Konzept steht. Dies ist ein ganz bewußter Versuch, die Worte an Erfahrungen zu binden. So bleibe ich ehrlich. Denn es ist sehr leicht, in der Theorie, in meiner Art von Arbeit verlorenzugehen.

Denken Sie in englisch oder in deutsch?

Das ist nicht die Frage. Vor ein paar Jahren versuchte ich herauszufinden, in welchem Medium das Denken stattfindet. Ganz offensichtlich war es nicht die Sprache. Sprache ist nur eine Ansammlung von Tönen, und Töne enthalten keine Fakten. Wenn ich herausfinden will, wie meine Armbanduhr funktioniert, muß ich sie untersuchen. Das Wort Uhr sagt mir nichts darüber. Also habe ich plötzlich erkannt, daß das Denken in einem Bereich stattfindet, auf den sich das Wort bezieht. Ein Bereich, der aber auch der nichtverbalen Forschung zugänglich ist. Da ich kein besseres Wort dafür habe, nenne ich diesen Bereich »bildhaftes Vorstellungsvermögen«. Wir denken in Bildern, und ich bin davon überzeugt, daß es kein Denken ohne irgendeine Art von Bild gibt. Man muß erkennen, daß diese Bilder nicht eindeutig, nicht »ausbuchstabiert« sein müssen. Wenn ich dagegen »Elefant« denke, muß ich in meinem Kopf das Bild eines Zirkuselefanten haben. Das Tier kann in meinem Kopf auf verschiedenen Abstraktionsebenen präsent sein. Vielleicht sogar als Punkt in einer Tabelle. Je abstrakter das Problem ist, desto abstrakter sind die Muster, mit denen es bearbeitet wird.

Einstein hat beschrieben, daß sein erstes Begreifen der Relativitätstheorie in Form eines kinästhetischen Bildes stattfand – ein bestimmtes Gefühl durchzog seinen Körper. Gerald Holton, ein Harvard-Physiker, hat darüber spekuliert, daß Einsteins Weigerung oder seine Unfähigkeit, bis zum Alter von drei Jahren zu sprechen, ihn dazu gebracht habe, ein außerordentliches Gefühl für nichtverbale Konzepte zu entwickeln. Er konnte aus den verbalen Definitionen von Zeit, Raum und Licht ausbrechen, die andere Physiker blind gemacht haben. Er brauchte Monate dazu, um Worte für diese Empfindungen zu finden. Doch solange er auf sein grundlegendes sensorisches Bild zurückgreifen konnte, ließ er sich durch nichts beirren.

Problemlösen hängt eng mit der Rekonstruktion der Wahrnehmungsbilder zusammen. Man beginnt damit, daß man herausfindet, was vor einem ist. Dadurch erfährt man, was in der gegebenen Situation falsch ist. Einige meiner Kollegen glauben, daß man sich, um vernünftig überlegen zu können, vom Bildhaften entfernen müsse. Das Gegenteil ist wahr. Man muß vielmehr in das Bild hineingehen, es mit der ganzen Intelligenz der Wahrnehmung analysieren und es restrukturieren. Im alten Indien lehrte man Geometrie mit Hilfe eines Theorems – das Quadrat der Hypothenuse. Anstatt eine elaborierte Serie von axiomatischen Sätzen vorzustellen, zeichnete der Lehrer die betreffenden Figuren, indem er einige Hilfslinien zog, wandte sich an seine Studenten und sagte: »Seht!« Der Beweis bestand in den sichtbaren Hilfen in der Figur, also in etwas Anschaulichem, was den Sinnen zugänglich war.

Wenn wir etwas verstehen, sagen wir: »Das ergibt einen Sinn.« Damit meinen wir wahrscheinlich, daß wir das Verstandene sinnlich erfahren. Ihre Arbeit könnte man als Studien zur nicht-verbalen Erfahrung betrachten, als Zugang zu Dingen, die »Sinn ergeben«.

Das kommt der Sache sehr nahe. In meinem Buch »Anschauliches Denken« wollte ich Gestaltpsychologie mit der visuellen Erfahrung von Kunst verbinden. Als ich das Buch schrieb, erkannte ich, daß ich dieselben Begriffe zur Beschreibung von Wahrnehmung benutzte, die Psychologen gebrauchen, um kognitives Denken zu beschreiben. Dies brachte mich auf die Idee, daß unsere Sinne zur Abstraktion fähig sind. Wenn wir ein Objekt wahrnehmen, begreifen wir die wesentlichen Qualitäten dieses Objekts, sonst sehen wir es nämlich gar nicht. Wenn ich etwas Rundes sehe, sehe ich gleichzeitig »Rundheit«. Das Konzept und das Perzept sind vereint. Beim Anschauen der Welt um mich herum leisten meine Augen vieles: Sie wählen aus, simplifizieren, untersuchen, kombinieren, vervollständigen, korrigieren, vergleichen, teilen und bringen das gesehene Objekt in seinen Kontext.

Rationalität muß also weiter definiert werden – sie muß auch auf unmittelbarer Erfahrung und nicht nur auf verbalen Prozessen begründet werden. Rationalität stellt einen Dialog mit der dinglichen Umwelt dar und keinen inneren Monolog.

Goethe schrieb einmal, daß er dem alten Imperativ »Erkenne dich selbst« mißtraute, denn man kann sich nur insoweit selbst erkennen, wie man die Welt um sich herum kennt. Goethe glaubte, daß jedes neue Objekt, auf das wir schauen, in uns selbst ein neues Sinnesorgan freisetzt. Rationalität vereinigt den Beobachter mit dem Beobachteten. »Anschauliches Denken« handelt von der Art, in welcher wir unsere Welt erfassen und uns selbst in dieser Welt. Schon als Student staunte ich, wie Menschen, die keinerlei formale ästhetische oder psychologische Bildung hatten, die Bedeutung von bestimmten Formen oder Darstellungen erkennen konnten. So fing alles für mich an. Meine Doktorarbeit bei Max Wertheimer befaßte sich mit diesem Thema. Ich lernte, daß wir Ausdruck bei einem Menschen oder einem unbelebten Objekt erkennen, weil jede Form so organisiert ist, daß sie eine Aussage über sich selbst enthält. Jedes Objekt hat einen dynamischen Charakter, der lebendig wird, wenn wir uns dem Objekt mit unseren Sinnen zuwenden. Die Spanne dieser Ausdrucksformen wird klar, wenn man die Rigidität geometrischer Formen beispielsweise mit der organischen Kraft einer Blume oder einer Muschel vergleicht.

Das muß dann auch der Grund dafür sein, daß sich Menschen auf dem Land wohler fühlen als in der Stadt. Sie können dort mehr Gutes über sich selbst auf einer Wiese erfahren als in einer Untergrundbahn.

In der Natur enthält jede Form und jede Farbe den Sinn des Lebens und des Wachstums. Aber auch von Menschen geschaffene Objekte können sinnvoll sein. Ein Krug beispielsweise vermittelt mit seiner Form die Vorstellung von »Inhalt« und »Ausschenken« – der Krug ist also mehr als seine geometrische Form.

In den vergangenen Jahrzehnten hat unsere Kultur ihren Sinn für bedeutsame Formen vernachlässigt. Neue Produkte sind stromlinienförmig, die Funktion ist unter einer ausdrucksarmen Hülle verborgen. Ein Transistorradio sieht aus wie ein elektrischer Rasierapparat, und der Rasierapparat hat die Form des Autos, das wir fahren. Diese Formenarmut ist ein Symptom für die Blindheit des Verbrauchers.

Wer ein Auto fährt, braucht meistens einen Mechaniker, der ihm erzählt, was unter der Kühlerhaube vor sich geht. Bei einem Motorrad sind immerhin alle wesentlichen Teile sichtbar. Wenn an meinem Motorrad etwas kaputtgeht, kann ich es daher meistens selbst herausfinden und reparieren.

Das ist ein gutes Beispiel für das, was ich mit sichtbarem Leben meine. Ich bin selbst in der üblichen »unsichtbaren« Kultur aufgewachsen, wo man Dinge erst durch Rückschlüsse verstehen kann. Und dadurch, daß man sich auf Spezialisten verließ. Wer ein Glas Wasser will, dreht den Wasserhahn an. Als Kind hat man keine Vorstellung davon, wo das Wasser herkommt, und daher auch keine Verantwortung für die Quelle.

Als ich in Italien lebte, sah ich, daß die Elemente des Lebens sich noch darstellten. Auf dem flachen Land konnte ich Frauen beobachten, die mit Krügen auf ihrem Kopf zum Brunnen gingen – so wie in biblischen Zeiten. Es gab eine sichtbare Kontinuität der Existenz, die mich dort tief beeindruckt hat. Die Beziehung zwischen Mensch und Natur lag offen zutage. Damals wurde mir klar, daß die sinnlichen Erfahrungen eines Lebens, in dem alle wesentlichen Tatsachen der Existenz noch verstehbar sind, der Ursprung der Erkenntnis sind.

Sie sind auch der Ursprung der Kunst, weil Kunst von wahrnehmender Erfahrung als dem Träger von Ideen abhängt. Künstler, Tänzer und Komponisten sind Menschen, die mit ihren Sinnen denken. Die Aussagen, die sie machen, sind ebenso rational und bedeutsam wie die des indischen Geometrielehrers. Der Beweis dafür sind die Gemälde, die Choreographie, die Kompositionen. Wir haben nur vergessen hinzuschauen, wenn sie sagen: »Schau mal!«

Der Künstler lehrt uns, das wahrzunehmen, was wir sehen, um unsere Existenz zu beweisen. Wie ist er dafür qualifiziert?

Das Privileg des Künstlers ist die Weisheit, die Natur und den Sinn einer Erfahrung in den Formen eines gegebenen Mediums zu begreifen und es so nachvollziehbar zu machen. Der Nichtkünstler steht seiner sensorischen Weisheit sprachlos gegenüber. Er kann sich zwar ausdrücken, mehr oder weniger genau, aber er kann seine Erfahrung nicht beschreiben. In dem Augenblick, in dem der Mensch Künstler ist, findet er eine Form für die körperlose Struktur dessen, was er gefühlt hat.

Wenn der Künstler also eine universale Wahrheit sichtbar macht, warum erkennen wir sie dann nicht sofort? Warum sehen wir nicht alle die Dinge, die ein Picasso oder ein Dalí sieht? Wenn Sie oder ich auf einen Stuhl sehen, sehen wir einen ganz alltäglichen Gegenstand.

Ein Künstler sieht sich einen Stuhl so an, als ob er ihn zum erstenmal sehen würde – nicht so, als ob er im 19. Jahrhundert schon einmal gemalt oder für einen Möbel-Werbeprospekt fotografiert worden wäre. Er wirft alle alltäglichen Formen über Bord, bis er zu dem vordringt, was der Stuhl für ihn darstellt.

Paul Klee schrieb, daß, nachdem er seinen persönlichen Stil entwickelt hatte, jeder Gegenstand, den er ansah, ein »Paul Klee« wurde. Ist der kreative Künstler nur ein Exzentriker, ein Nonkonformist?

Einige Psychologen reden über Kreativität und Originalität und benutzen dabei den Begriff divergentes Denken. Das stört mich. Originalität heißt nicht Abweichung. Es heißt vielmehr, zu den Ursprüngen zurückzugehen, zu den Wurzeln der eigenen Erfahrung. Man muß zum Objekt zurückkehren – zu seinem Geruch, wie es sich anfühlt, wie es ist. Und sich nicht darum kümmern, was ein anderer tut. Wenn man darauf achtet, was ein anderer tut, wendet man seinen Blick von der Welt ab.

Die Gestaltpsychologie hat sich damit befaßt, nach welchen Regeln wir Teile zu einem Ganzen zusammenfügen.

Nicht ganz genau. Wertheimer hat in seinem bahnbrechenden Artikel über die Gruppierungsgesetze erklärt, daß man nur dann etwas verstehen kann, wenn man ein Muster als Ganzes betrachtet. Das ist die Hauptaussage, aber sie wird gewöhnlich in den Lehrbüchern unterschlagen. Solange die Gestaltpsychologie über die Gruppierung von Elementen spricht, wird sie akzeptiert. Wenn die Teile eines Gemäldes ein ungestörtes Ganzes darstellen, ergibt das Gemälde einen Sinn. Wenn das Gemälde unvollständig ist, wirkt es wie eine offene Wunde. Vor ein paar Jahren hatte das Museum of Modern Art in New York ein japanisches Haus in einem der Höfe ausgestellt. Man hatte auch den obligatorischen kleinen Teich nicht vergessen. Die Besucher gingen in das Haus hinein, zogen vorher ihre Schuhe aus und besichtigten es. Es war das erste Mal, daß ich New Yorker still erlebt habe, sie gingen auf Strümpfen über die hölzernen Fußböden und um den Teich herum und sprachen nichts. Ich saß da und schaute auf den kleinen See. Er hatte eine sehr freie, aber schöne Form, und ich sagte zu mir selbst: »Du erfindest das wahrscheinlich. Diese Form ist bestimmt rein zufällig. Sie könnte auch anders sein, und es würde nichts ausmachen.« Eines Morgens kam ich wieder, um zu schauen, und jemand hatte ein Butterbrotpapier in den See geworfen. Das weiße Stück Papier auf dem dunklen Wasser schuf ein falsches Zentrum, das die Ganzheit des Bildes zerstörte und damit die Bedeutung der Form. Es wirkte wie ein Schnurrbart auf der Mona Lisa.

Der Stil eines Künstlers ist die Art, wie er ein Problem löst, wie er Teile so arrangiert, daß sie einen Sinn bekommen. Sie meinen, daß ein gekonnter Stil sich selbst zum Verschwinden bringt.

Der Stil eines Malers bleibt den meisten selbst verschlossen. Als Cézanne sein Gemälde des Berges anschaute, *sah* er den Berg. Der gewöhnliche Betrachter sieht nur den Unterschied zwischen Cézannes Berg und dem Berg in Wirklichkeit. Das hängt mit dem Prinzip der Adaptation zusammen. Wenn wir uns an eine Reizkonstellation gewöhnt haben, verschwindet sie aus unserem Bewußtsein. Wir bemerken nur die ungewohnten, weil sie »nicht so sind, wie sie sein sollten«. Die künstlerische Sensibilität der meisten Menschen in diesem Land wurde von Künstlern wie Norman Rockwell (oder in Deutschland von Spitzweg) trainiert. Jede Szene sollte so aussehen wie ein Titelbild von der *Saturday Evening Post.* Das erste und wahrscheinlich das einzige, was sie an einem Picasso-Gemälde bemerken, ist, daß es nicht aussieht wie ein Norman Rockwell. Beleidigt behaupten sie dann, daß der Künstler die Natur verändert habe, um sie seinem eigenen Stil anzupassen. Aber das ist nicht wahr.

Wir verteidigen unsere Sichtweise der Welt, um uns selbst von unserer Normalität zu überzeugen. Und dann behaupten wir, daß unsere Künstler leicht verrückt sind.

Das geht von einer völlig falschen Auffassung über die Funktionen des Künstlers aus. Echte Kunst kann die Natur nicht nachahmen, und sie kann auch nicht absichtlich den Stil der jeweiligen Kultur nachahmen. Ein Künstler, der das täte, wäre eine Marionette der Kultur. Es gäbe nie einen bedeutsamen Wandel in Kunststilen. Es ist nicht der Zweck der Kunst, den Status quo zu verteidigen oder einen Allgemeinplatz zu verewigen. Kunst arbeitet ständig daran, die Welt wieder zu beleben – die Verkrustung und die Vertrautheit mit den Alltagsgegenständen aufzubrechen und sie uns wieder sichtbar zu machen, sie sozusagen von den Toten wieder aufzuwecken. Kunst imitiert nicht die Realität – sie deutet Realität nur an. Sie enthüllt uns das Wesen der Dinge.

Der Künstler ist also mit den Dingen der Natur auf vertrautem Fuße. Intimität reicht von herzlicher Freundschaft, sexuellen Beziehungen bis zur Kenntnis der geheimsten und privatesten Dinge. Diese Beziehung hat die schöne Ambivalenz des biblischen Verbes »erkennen«. Die Encounter-Bewegung hat erkannt, daß Sinnlichkeit eine Form des Erkennens, des Wissens ist.

Ich glaube, daß meine Ansichten über das visuelle Denken für alle Sinne Gültigkeit haben. Ich habe mich allerdings meist mit dem Sehen beschäftigt. Das Sehen ist unser feinstes Werkzeug. Die Encounter-Gruppen sind Hilfen für eine Generation, deren Berührungssinn verhungert ist. Wenn man stundenlang jeden Tag fernsieht, muß man ja mit dem gespenstischen Gefühl aufwachsen, daß man in einer Welt von Gespenstern lebt.

Für das Gehirn ist es schwer, Bilder zu erfassen, die keine signifikante Form haben. Ein Objekt zu erfassen bedeutet für unser Gehirn, auch Sinn in diesem Objekt zu finden. Pornographie ist in diesem Sinne ein Bruch in der Verpflichtung des Menschen, seine Welt intelligent wahrzunehmen. Eine Hure – im griechischen Porne – ist ein Mensch, der seinen Körper ohne Seele anbietet. Die Pornohefte bieten genau das an – Haut, Oberfläche. Solche im wahrsten Sinne des Wortes Oberflächlichkeit enthält keinen Funken erotischen Impulses. Formen müssen geformt werden, damit sie Qualitäten wie Üppigkeit, Weichheit, Spannung oder Harmonie enthalten. Und diese Formen transportieren dann den erotischen Impuls. Wenn der menschliche Körper nicht in einer dieser Formen präsentiert wird, ist er nur nackte Haut. Wer jemals erlebt hat, wie seine Liebesbeziehung erkaltet, der weiß, daß es einen Zusammenhang zwischen dem Erotischen und dem Abstrakten gibt. Die begehrte Frau ist die Verkörperung eines abstrakten Musters, eines Musters, das in jeder ihrer Bewegungen und in jedem Zentimeter ihres Körpers ausgedrückt wird. Sie ist nahezu materielos, übermenschlich und wunderbar. Wenn die Liebe jedoch endet, wird sie irgendeine Frau. Man wird blind für das, was man vorher in ihr gesehen hat oder sehen wollte. Sie ist kein Gegenstand der Begierde mehr.

Aus allem, was Sie sagen, könnte man schließen, daß unsere Liebe zur Welt überhaupt erkaltet ist und wir uns auf Vergnügungen aus zweiter Hand zurückgezogen haben. Können wir diese Distanzierung von unserer wirklichen Welt überwinden?

Als Psychologe und Kunstforscher frage ich mich immer wieder: Wofür ist Kunst gut? Alles, was ein Lebewesen tut oder ist, dient einem Zweck, dient der Evolution, dem Überleben. Und ich erkannte, daß Kunst eine hochentwickelte, spezifisch menschliche Form der Kognition ist. Ästhetik heißt nichts anderes als das Studium der Künste. Ursprünglich war Ästhetik das Studium der sensorischen Erfahrungen im allgemeinen. Ich glaube, daß wir zum ursprünglichen Sinn von Ästhetik zurückkehren müssen. Wir müssen die Kunst von ihrer Versklavung in Museen befreien und lernen, jedes Objekt als etwas zu behandeln, das Kunst enthält. Kunst ist kein Hauptwort, es ist ein Beiwort – eine Qualitätsdimension der Existenz. Die sogenannten Kunstwerke besitzen diese Qualität in einem konzentrierten Grade.

Nur wenn wir diese Qualität in jedem Objekt finden und in jedem Ereignis, wissen wir, was wir überhaupt in Museen suchen.

Der Gesichtssinn bei den meisten Männern und Frauen ist auf ein ökonomisches Minimum reduziert. Es geht nur noch um den Aufwand, ein Stück Papier von einem Stück Brot unterscheiden zu können, abzuklären, ob ein Parkplatz voll ist oder leer, die richtigen Türen im Supermarkt zu finden. Ein Mensch, der die Welt als eine Sammlung von Objekten betrachtet, die ihn gleichgültig lassen und die nicht durch ihre Erscheinung zu ihm sprechen, der geht in ein Museum und betrachtet auch die Bilder dort nur als Objekte. Wenn er in einer Galerie ist, sieht er Anlageobjekte und denkt an Preisschilder. Er kann die sensorischen Aussagen nicht lesen. Der ästhetische Sinn ist verkümmert, und nun erwarten die Leute von einem Museum eine Wunderheilung. Aber wer nicht schon die alltägliche Welt mit seinen Sinnen wahrnimmt, der wird auch nicht in einem Museum plötzlich von ästhetischem Bewußtsein gepackt.

Die Gegenkulturen behaupten, daß manche Drogen eine Wunderheilung bewirken könnten, daß LSD und Meskalin das Bewußtsein erweitern.

Als ich zum erstenmal Aldous Huxleys »The Doors of Perception« las, mußte ich lachen. Er beschreibt ein Erlebnis, bei dem die Dinge plötzlich zu glühen begannen – also die roten Bezüge eines Stuhles beispielsweise oder der Umschlag einer Zeitschrift. Diese Dinge haben für mich schon immer geglüht. Ich bin kein Künstler, und ich bin auch nichts Besonderes, ich bin nur daran gewöhnt, meine Augen zu gebrauchen.

Das Interessante an Meskalin ist, daß man nur das bekommt, was man verdient. Huxley war in einem meiner Kurse. Die Studenten wollten unbedingt etwas über seine Drogenerfahrung hören, und er sagte ihnen: »Das Geheimnis der Drogen ist, daß man nicht denken darf, daß man etwas umsonst kriegt. Man kriegt das raus, was in einem drinsteckt, und nichts weiter. Und wer als Mensch nicht viel in sich hat, für den sind auch die entsprechenden Drogenerfahrungen armselig, und wer kreativ ist, der hat vielleicht die schönsten Trips.« Wenn man sich gegen die äußere Welt abschottet, dann muß man sich mit dem abfinden, was in einem drinsteckt. Und wer nicht schon in seinen Wahrnehmungen lebendig ist, dem helfen auch keine Drogen.

Das Problem ist also, unsere sensorische Bewußtheit zurückzuerlangen. Wo fangen wir an?

Wir werden damit geboren. Das Problem ist, diese Fähigkeit zu erhalten. Freud hat unter anderem der Psychologie das Konzept des spontanen Symbolismus gegeben. Nehmen wir die Erfahrung von Licht und Dunkelheit, und wir kommen der Sache näher. Am Morgen reißt man die Rolläden auf oder die Vorhänge, und das Licht strömt in das Zimmer. Man könnte den Wechsel ebenso an einem Instrument ablesen, aber das hat keine Wirkung auf einen selbst. Man erfährt dieses Ereignis »Morgen« als Gabe einer lebenspendenden Kraft, die in einen strömt, als Quelle der Erleuchtung. Es gibt keinen sehenden Menschen, der Licht nicht symbolisch empfindet. Aber wenn man einen Menschen ständig trainiert, Licht als eine Sache der Stromrechnung zu betrachten, dann kann man so den wirklichen Eindruck des Lichtes vermindern. Unser Alltagsleben wird nur noch funktional und sinnleer. Manche Erwachsene in unserer Kultur müssen sich auf unbewußte Symbole oder auf Therapie verlassen, um zu erfahren, was ihr Leben wirklich bedeutet.

Das Interesse der Psychologen an Kinderzeichnungen war immer schon sehr groß. Aber die Psychologen halten sie hauptsächlich für den Ausdruck von Persönlichkeit, Antrieben und Problemen. Sie dagegen haben sich eher für die kognitiven Aspekte solcher frühen Kunstversuche interessiert.

Psychologen waren immer schon erstaunt über die Bilder, die Kinder zeichnen. Das Paradoxe in kindlicher Kunst ist ähnlich dem, das man beim Studium primitiver Kunst antrifft. Wenn man davon ausgeht, daß die Kunst die Natur nachahmt, dann sollte man erwarten, daß die frühesten Phasen der Kunst darum bemüht wären, die Dinge so zu zeigen, wie sie ähnlich nur auf Fotografien erscheinen. Aber statt dessen findet man hochstilisierte geometrische Formen. Die Theoretiker haben dies bisher in verschiedenen Ansätzen zu erklären versucht. Sie meinen beispielsweise, daß ein Kind oder ein Angehöriger eines primitiven Volkes nicht das zeichnen kann, was er will. Seine Hand sei nicht geübt genug, meinen sie, um die komplizierten Formen der Natur zu reproduzieren. Ein Kreis ist eine einfache Form, deshalb zeichnet das Kind einen Kreis anstelle dessen, was es eigentlich zeichnen will. Das ist absolut lächerlich. Kinder sind sehr begabt und ebenso die sogenannten Primitiven. Ihre Zeichnungen sind nicht unvollkommene Abbilder der Natur, sondern sinnlich perfekte Versuche, die abstrakten Formen in der Natur wiederzugeben.

Die Kinderzeichnungen und die Zeichnungen Primitiver stehen also auf einem abstrakten Niveau, das ihren Zwecken entgegenkommt?

Als der Urmensch einen Fruchtbarkeitsgott schnitzen wollte, wußte er ganz genau, welche Elemente wichtig waren – die

Statue betonte die sexuellen Organe. Wenn das Kind einen blauen Himmel zeichnen will, dann findet es, daß ein dicker blauer Strich oben auf der Seite ausreicht, um diese Absicht zu erklären. Sie brauchen nicht mehr, um auszudrücken, was sie sagen wollen. Einige Theoretiker, die mit Kinderzeichnungen von Kreisen konfrontiert wurden, behaupten, daß das Kind ein Konzept ausarbeitet, einen Archetyp, kurz, etwas, was es schon weiß, und nicht, was es sieht.

Das ist absurd. Das Kind zeichnet, was es in den Formen vor seinen Augen sieht. Natürlich entwickelt sich diese Fähigkeit mit der Zeit, wenn sie sich entwickeln kann. Der reife Künstler hat eine sensiblere Auffassungsgabe von Formen als ein Kind, er hat noch mehr Kontrolle über sein Medium. Dasselbe gilt für einen Mathematiker oder einen Sportler.

Kinder benutzen also die ihnen verfügbaren Mittel, um die Komplexität der Erwachsenenwelt in den Griff zu bekommen?

Erwachsensein heißt aber keinesfalls, daß man auch realistischer wäre. Mechanisches Imitieren allein ist ohne jede Bedeutung – es mag manchmal lebendig aussehen, aber es lebt nicht. Wenn Kunst die mechanische Wiedergabe der Natur sein sollte, dann wäre spätestens mit der Erfindung der Fotografie der Tod der Malerei besiegelt gewesen. Der Künstler hat immer versucht, das Wesentliche herauszuarbeiten, den Sinn hinter den Formen zu entdecken. Fotografie hat nur in beschränktem Umfang dasselbe Ziel – eine Fotografie kann man in der Regel so betrachten, wie man die wirkliche Welt betrachtet. Der Fotograf hat nicht völlige Kontrolle über die Einzelheiten des Bildes. Er muß vielmehr dasitzen und warten, bis etwas Entscheidendes eintritt. Ich vermute, daß die Popularität der Fotografie zum Teil darauf beruht, daß man den strengen Anforderungen der Kunst ausweichen kann, sich auf die Oberfläche der Realität zurückziehen kann.

Wie können wir das sinnliche Bewußtsein bei den Kindern unterstützen und entwickeln?

Wenn wir davon überzeugt sind, daß Denken auf der Ebene von Wahrnehmung stattfindet, müssen wir ein Erziehungssystem entwickeln, in dem sinnliche Wahrnehmung und das

Denken verbunden bleiben. Wir müssen uns die Inkonsequenz des gegenwärtigen Unterrichtssystems vergegenwärtigen: Zwei Stunden die Woche beschäftigt sich ein Lehrer damit, im Kunstunterricht über Formen und Farben zu informieren. Das mag alles mit guter Absicht und Engagement geschehen. Aber im nächsten Augenblick dreht sich derselbe Lehrer um und verlangt im Geographieunterricht, daß die Kinder die Küste der USA zeichnen sollen. Diese Linie ist ohne Bedeutung für das Kind – es kann mit dieser abstrakten Form nichts anfangen. Niemand kann das, selbst ein Matisse könnte nichts aus der Küstenlinie machen. Es ist eine irrationale Form.

Nun zeichnet das Kind aber durchaus sinnvoll – ein Hund hat einen Kreis als Kopf, ein Oval für den Körper, vier Striche für die Beine. Die Aufgabe im Geographieunterricht besteht jetzt darin, im Grunde sinnlose Linien zu zeichnen.

Der Lehrer sollte nun sehr einfach anfangen und die USA als tassenähnliches Ding zeichnen lassen, mit dem Mississippi in der Mitte, rechts ist New York, und links ist San Francisco. Wenn man älter wird, kann man dann immer noch die übrigen Feinheiten eintragen. Eine Karte korrekt zeichnen zu lassen von Kindern – das ist dasselbe, als wenn man ihnen die Worte der Nationalhymne beibringt, ohne ihnen den Sinn klarzumachen, oder wenn man Drittkläßlern im Musikunterricht ein Stück von Béla Bartók vorspielt.

Was für Heilmittel gibt es gegen unsere Blindheit – die ja das Produkt der Sozialisation ist?

Im Arithmetik-Unterricht gibt es schon schöne Ansätze mit den Cuisenaire-Stäben: Verschieden große Stäbe stehen für verschiedene Zahlen. Wenn das Kind mit diesen Stäben arbeitet, lernt es von Anfang an, daß die Zahlen mit bestimmten Quantitäten korrespondieren. Die Stäbe für »drei« und »fünf« sind so lang wie der Stab »acht«. Dasselbe kann man auch auswendig lernen, die Worte »drei« und »fünf« ergeben »acht«. Aber das ist mechanisches Lernen und keine sinnvolle Erfahrung.

In einigen Schulen wurde auch mit Multimedia-Workshops für die sinnliche Erfahrung gearbeitet.

RUDOLF ARNHEIM

Rudolf Arnheim wurde 1904 in Berlin geboren. Von 1923 bis 1928 studierte er an der Universität seiner Heimatstadt Psychologie (damals noch ein Zweig der Philosophie). Seine Lehrer waren die Begründer der Gestaltpsychologie Wolfgang Köhler, Kurt Lewin und Max Wertheimer. Nach der täglichen experimentellen Arbeit in der Psychologie besuchte Arnheim Kurse in Kunstgeschichte und Musik. Und abends bestand sein Curriculum im Besuch der neuesten Filme in den Berliner Kinos. Arnheim hat sich als Filmrezensent für die »Weltbühne« (1928–1933) schon früh einen Namen gemacht.

1940 emigrierte Arnheim in die USA, wo schon viele seiner früheren Kollegen aus Berlin Zuflucht gefunden hatten und die Exil-Universität in New York zur berühmten *New School for Social Research* ausbauten. Nach Max Wertheimers Tod 1943 übernahm Arnheim dessen Kurse, zusammen mit Solomon Asch und Mary Henle. Gleichzeitig unterrichtete er Kunstpsychologie an der Sarah-Lawrence-Schule. 25 Jahre verbrachte er als Lehrer an diesen Institutionen. In dieser Zeit schrieb er mehrere Bücher zu Kunstpsychologie und Ästhetik.

Die *Fulbright Foundation* ermöglichte Arnheim 1959 einen Studienaufenthalt in Japan, einem Land, das er deshalb kennenlernen wollte, weil er dort die ästhetische Form noch als Bestandteil des täglichen Lebens und nicht in Museen verbannt sah.

1968 bot die Harvard-Universität Arnheim eine Professur in ihrem *Carpenter Center for Visual Studies* an, wo er bis zu seiner Emeritierung 1974 Studenten fast aller Fakultäten darin unterrichtete, in ihren jeweiligen Fächern ihre Sinne zu gebrauchen.

Was wir brauchen, ist nicht sensorische Stimulation. Davon gibt es für die Kinder im Alltag genug. Sie mit Tönen, Farben, Gerüchen, Diaprojektionen zu bombardieren, schafft höchstens Konfusion und vielleicht Abstumpfung. Die Wahrnehmungsfähigkeit muß gefordert werden, etwas, was den Geist über die Sinne mobilisiert. Man muß Kinder lehren, auf für sie bedeutsame Bilder zu reagieren und selbst solche Bilder oder Imaginationen zu schaffen. Nehmen wir an, jemand hat sich mit der Physik der Schwerkraft befaßt. Er hat die theoretischen und praktischen Auswirkungen dieses Phänomens verstanden. Aber eines Tages packt ihn die wirkliche Erkenntnis, was Gravitation ist, was sie für das Leben und die Natur bedeutet. Er erkennt das Gefühl, nach unten gezogen zu werden, und der erkennt diese Kraft in den Dingen in seiner Umwelt. Reine Information wird nun durch das Erleben von Schwerkraft ergänzt, bereichert. Wenn diese Tatsache auch in den Wahrnehmungen wirklich geworden ist, wird auch klar, was die Symbolsprache meint, wenn sie von »Lasten, die niederdrücken« spricht oder von »Widerstand und Trägheit überwinden«. Das macht den Unterschied aus zwischen bloßem Dabeisein und Angerührtsein, Verändertwerden, Handeln. Es ist der Unterschied zwischen bloßem Dasein und wirklichem Lebendigsein.

(Mit Rudolf Arnheim sprach Elizabeth Hall)

Bruno Bettelheim

»Eltern müssen nicht perfekt sein«

Eltern sind im Leben eines jeden Menschen das Wichtigste. Ihr Einfluß auf die Persönlichkeitsentwicklung kann kaum überschätzt werden. Das Wissen um diesen Einfluß läßt aber viele Eltern unsicher und ängstlich werden – aus Angst, Fehler in der Erziehung zu machen, verhalten sie sich oft verkrampft und fühlen sich schuldig. Der große Kinderpsychologe Bruno Bettelheim rückt die Vorstellungen von »Elternliebe« zurecht und gesteht den Eltern das Recht auf Fehler zu. Ein Weg, um seinen Kindern in der Erziehung gerecht zu werden, heißt für ihn: sich seiner eigenen Kindheit zu erinnern.

Herr Professor Bettelheim, Sie haben sich ein Leben lang wissenschaftlich und praktisch mit der Psychologie des Kindes und Erziehung auseinandergesetzt. Die Summe Ihrer Erkenntnisse und Erfahrungen haben Sie in einem Buch zusammengefaßt, das auf englisch den etwas verwirrenden Titel trägt »A Good Enough Parent«. Wollten Sie so etwas wie die Mindestqualifikation für gelungene Erziehung beschreiben?

Ich wollte am Ende meines Lebens meine Erfahrungen über Kindererziehung vorlegen, hauptsächlich für die, die es am meisten betrifft: Eltern und Erzieher. Vor allem wollte ich mich distanzieren von den Büchern, die den Eltern sagen, was sie tun sollen, wie sie zu erziehen haben. Ich wende mich gegen die Arroganz der selbsternannten Experten, die anderen Menschen Verhaltensvorschriften oder Ratschläge in einer solch intimen und privaten Sphäre wie der Beziehung zwischen Eltern und Kind geben wollen. Es ist einfach unmöglich, in diese Beziehung einzugreifen mit Rezepten und Wertungen. Das Wichtigste ist, daß Eltern sich selbst Lösungen für Erziehungsprobleme zutrauen, Lösungen, die nur sie finden können, weil sie der Familienstruktur gemäß sind. Selbstverständlich finden Eltern als »Experten in eigener Sache« nicht automatisch Lösungen. Sie müssen lernen, ihre Verhaltensweisen zu durchdenken. Ich will anhand von Beispielen zeigen, wie man Probleme durchdenken kann. Und vor allem will ich darauf hinweisen, wie wichtig es ist, jede Situation, jedes Problem mit den Augen des Kindes zu sehen. Das heißt nicht, daß man die Perspektive des Kindes auch unbedingt akzeptiert. Aber auch die »falsche« Sicht der Dinge durch das Kind ist eine wichtige Information. Erzieher müssen wissen, warum das Kind etwas falsch sieht, sie müssen in der Lage sein, sich in die Schuhe des Kindes zu stellen – noch besser: sich in die Seele des Kindes zu versetzen.

Ein bißchen paradox erscheint das aber schon – Sie wenden sich gegen die Erziehungsratgeber, gegen Erziehungsrezepte, aber Sie geben nun auch eins …

Richtig, ich gebe Eltern einen Gedanken mit, eher eine Überzeugung als ein »Rezept«: Um das Denken und Handeln eines

Kindes verstehen zu können, muß ich seine Perspektive einnehmen, ich muß eine Brücke schlagen zwischen der Weltsicht des Erwachsenen und der kindlichen Sicht. Der Schlüssel zum Verständnis des Kindes heißt Empathie.

Statt sich um dieses Verständnis zu bemühen, vertrauen sich immer mehr Eltern – sofern sie es überhaupt »richtig« machen wollen – den von Ihnen kritisierten Experten und Ratgebern an und suchen Hilfe in Büchern. Warum ist das heute so?

Wir müssen ganz allgemein feststellen, daß unsere traditionelle Lebensweise sich unter dem Druck der wirtschaftlichen und technischen Entwicklung dramatisch verändert hat. Eltern können heute nicht mehr so erziehen, wie sie selbst erzogen worden sind. Vor allem die Familiensituation hat sich verändert. Die geographischen und die emotionalen Distanzen zwischen den Menschen sind größer geworden, Eltern und Kinder leben isolierter. Familienangehörige, Nachbarn, Freunde, der Stadtteil, in dem man lebt, spielen kaum noch eine Rolle als Stütze und Hintergrund im Erziehungsprozeß. Die Eltern sind mehr als früher auf sich allein gestellt.

Dafür machen sich andere Einflüsse auf die Erziehung immer stärker bemerkbar, etwa das Fernsehen. Einige Wissenschaftler glauben ja, daß dieses Medium die Kindheit selbst zum Verschwinden brächte.

Joshua Meyrowitz zum Beispiel sagt in seinem Buch »Die Fernsehgesellschaft«, daß die Grenzen zwischen Kindheit und Erwachsensein durch das Fernsehen verwischt werden, weil die Kinder die Erwachsenenwelt schon sehr früh durchschauen lernen. Ein Satz aus seinem Buch charakterisiert die Situation, glaube ich, sehr gut: Kinder lernen heute schon die ganze Welt kennen, bevor man sie allein die Straße vor ihrem Haus überqueren läßt.

Welche Rolle können die Eltern heute überhaupt noch für ihre Kinder spielen?

Ich glaube, daß die Eltern im Leben jedes Menschen das Wichtigste sind. Sie geben ihm die Richtung. Einer der größten Unterschiede zu früheren Zeiten ist heute, daß die Kinder die Arbeitswelt ihrer Eltern kaum noch kennen. Um so wichtiger ist es deshalb, daß sie ihre Eltern als Personen, als Menschen richtig kennen.

Müssen denn die Eltern trotz der erschwerten Bedingungen, trotz ihrer Belastung durch den Beruf – und es sind ja nicht nur die Väter, die heute berufshalber außer Haus sind – die ganze Last der Erziehung tragen? Kann nicht die Gesellschaft Entlastung bieten durch Kindergärten und andere Einrichtungen?

Niemand kann die Eltern in ihrer Bedeutung auch nur annähernd ersetzen. Aber es wäre ein Mißverständnis, wenn wir nun von ständigem Zusammensein, von ständiger Betreuung durch die Eltern ausgehen. Es kommt nicht auf die zusammen verbrachte Zeit alleine an, sondern auf die Beziehung, auf die Qualität dieser Beziehung. Das hat uns die Psychoanalyse gelehrt. Wir wissen zum Beispiel, wie wichtig die Phantasievorstellung des Kindes von der Mutter ist. Wenn ein bestimmtes Bild von der Mutter internalisiert worden ist, kann das Kind durchaus akzeptieren, daß die Mutter nicht ständig um es herum ist. Was das Kind über die Mutter phantasiert, wenn sie abwesend ist, ist unerhört wichtig. Ähnliches gilt auch für den Vater: Dieses Bild des Vaters, das ein Kind verinnerlicht, ist entscheidend. Ich verdeutliche dieses »innere Bild« und seine Bedeutung am Märchen von Aschenputtel, dem die Mutter gestorben ist und das jeden Tag zum Grab der Mutter geht. Das heißt, sie hat die Beziehung zur Mutter nie verloren. Der Baum, der auf dem Grab wächst, ist ein Symbol für diese Beziehung, auch die Tauben, die auf diesem Baum sitzen und die dem Mädchen später beim Linsenaussortieren helfen. Das innere Bild der Mutter ist lebendig geblieben, und dieses Bild stützt Aschenputtel trotz der miserablen Bedingungen ihres Lebens. Das ist ein schönes poetisches und psychologisch richtiges Bild für die Introjektion der Eltern.

Eltern fühlen sich oft schuldig, weil sie glauben, ihre Aufgabe nicht gut genug zu erfüllen und vor allem ihre Kinder nicht genug zu lieben. Existiert nicht eine falsche Vorstellung von »Elternliebe«, in der Ärger, Frustration und gelegentlicher Zorn auf das Kind keinen Platz haben?

Liebe ist immer ambivalent. Ich finde das fünfte Gebot deshalb so beeindruckend, weil es vorschreibt, die Eltern zu *ehren*. Es heißt nicht »Liebe deine Eltern«. Liebe ist eine viel flüchtigere und unsicherere Basis für die Beziehung zwischen Eltern und Kind. Jede Erziehung, auch die beste, ist mit Problemen verbunden. Das Leben ist kein langer Sonnentag und hält viele Schwierigkeiten bereit. Dann hängt alles vom Verhalten der Eltern ab: Verstehen sie das Kind, helfen sie ihm oder kritisieren sie es nur. Wenn sie durch Einsicht in sich selbst erst einmal erkannt haben, daß auch ihre Gefühle für ihre Kinder nicht ganz ohne Ambivalenz sind, brauchen natürlich auch sie nicht mehr alle negativen Gefühle, die gelegentlich hochkommen, zu verdrängen. Wenn sie sich vormachen, nur ihr Kind sei durch seine Unreife und seine mangelnde Selbstbeherrschung ab und zu negativ zu ihnen eingestellt und sie selbst seien völlig frei von derartigen Gefühlen, dann kann das zu ernsten Problemen in den Beziehungen führen.

Kann man Ihrer Ansicht nach dieses Einfühlen in das Kind, die Empathie lernen?

Ja, ich glaube schon, daß man das sehr gut lernen kann. Ich habe immer wieder versucht zu zeigen, *wie* man es lernen kann: indem man sich an seine eigene Kindheit erinnert. Die Erinnerung daran, wie man selbst als Kind durch die Kritik der Eltern völlig vernichtet war, wenn man sich daran erinnert, welche Frustrationen man durch die Eltern erleiden mußte, wenn man sich an seine Schwächen erinnert, wie man als Kind bestimmte Dinge nicht tun konnte oder nicht wußte, wenn man sich an all diese Dinge seiner eigenen Kindheit erinnert und mit dieser Erinnerung dem eigenen Kind gegenübertritt, dann entsteht Empathie.

Aber die Psychoanalyse zeigt uns doch gerade, wie sehr wir auch zur Verdrängung fähig sind, wie sehr die meisten Menschen zumindest bestimmte Teile der eigenen Kindheit verdrängen, vergessen und verleugnen.

Das ist richtig, jeder Erwachsene braucht im Grunde eine Kindheits-Anamnese. Und manchmal ist dazu auch eine Psychoanalyse nötig. Aber in der Regel, glaube ich, können einem die eigenen Kinder dabei helfen, die Erinnerung an die Kindheit zuzulassen und aufzuarbeiten. Das ist ein ganz wichtiger Prozeß im Erwachsenenleben. Und deshalb glaube ich auch, daß das Leben von Menschen, die keine Kinder haben, in diesem einen wichtigen Punkt verarmt ist. Eines der großen Erlebnisse im Menschenleben bleibt ihnen unzugänglich. Die Erlebniswelt von Erwachsenen ohne Kinder ist verengt, sie werden nicht durch Kinder stimuliert, sich mit ihrer eigenen Kindheit auseinanderzusetzen.

Sicher ist das Sich-Wiedererkennen im eigenen Kind ein wichtiges Erlebnis – aber es kann natürlich auch schmerzhaft und problematisch sein, denn man entdeckt ja im Kind nicht nur das Gute und Schöne der eigenen Kindheit, sondern auch das Negative.

Das ist sicher ein großes Problem – ich spreche jetzt als Psychoanalytiker –, wenn Eltern in ihrem Kind Züge entdecken oder zu entdecken glauben, die sie in sich selbst negieren. Eltern zu sein zwingt dazu, viele Erlebnisse und Probleme der eigenen Kindheit – teils bewußte, aber größtenteils unbewußte – noch einmal zu durchleben, und es veranlaßt zu dem Versuch, sie dadurch zu lösen, daß man sich seinem Kind gegenüber auf eine bestimmte Weise verhält. Das kann sich segensreich auswirken, aber es kann auch zu zahlreichen Problemen führen. Je weniger wir uns bewußt sind, daß dies in uns vorgeht, während wir unser Kind versorgen, um so mehr neigen wir dazu, alte, ungelöste Probleme in unserer Beziehung zu unserem Kind auszuagieren. Tatsächlich handelt es sich um eine Herausforderung, die zum Elternsein gehört, sich irgendwie auf bewußter, aber noch weit mehr auf unbewußter Ebene mit den eigenen Kindheitserlebnissen auseinanderzusetzen, und hierin unterscheidet sich das Familienleben von allen anderen menschlichen Erfahrungen.

Schon allein die Anwesenheit des Kindes und die Notwendigkeit, es zu versorgen, zwingen die Eltern, sich mit diesen Problemen zu befassen. Das Zusammenleben mit unserem Kind bringt daher weit mehr mit sich, als daß wir unsere Phantasien an der Wirklichkeit überprüfen müssen: wie gute Eltern wir sein könnten, wie wundervoll oder wie anstrengend unser

Kind sein wird oder was für ein Vater oder was für eine Mutter unser Ehepartner sein wird. Am wichtigsten ist wohl, daß wir unsere Phantasievorstellungen darüber, was eine Familie sein könnte und sollte, an der alltäglichen Wirklichkeit des Familienlebens überprüfen.

Nun gibt es auch Eltern, die ihren Kindern ausgesprochen negative Gefühle entgegenbringen – etwa Neid, Neid auf ihre Jugend, auf die Chancen, die man selbst nicht gehabt hat …

Das ist besonders in den USA, wo ich das beobachten kann, ein häufiges Problem. Der Jugendkult, die absolute Vergötterung all dessen, was jung ist, drückt sich ja schon darin aus, daß die Erwachsenen Kleider tragen, die ursprünglich der Kindermode vorbehalten waren. Die Elterngeneration hat nach dem Zweiten Weltkrieg ihren Lebensstil immer mehr dem ihrer Kinder angepaßt. Darin drückt sich dieser unbewußte Neid aus, vielleicht auch das Gefühl, die eigene Kindheit nicht genug ausgelebt zu haben.

Traumatische Kindheitserfahrungen scheinen aber gar nicht sehr selten zu sein – Sigmund Freud selbst sei von seinem Vater mißbraucht worden, behauptet beispielsweise Masson. Und Alice Miller hat in ihren Büchern dokumentiert, welche Folgen die Mißhandlungen in der Kindheit im Erwachsenenleben haben können. Und schließlich wurde in letzter Zeit auch entdeckt, wie häufig sexueller Kindesmißbrauch wirklich vorkommt: sehr häufig.

Ich kenne diese Literatur, da gibt es sicher sehr schreckliche Kindheitserfahrungen. Aber als Psychoanalytiker möchte ich dazu sagen, daß man auch hierbei beachten muß, daß selbst so etwas Gravierendes wie sexueller Mißbrauch eines Kindes vor dem Hintergrund der Eltern-Kind-Beziehung gesehen werden muß. Selbst in diesen Fällen ist die Qualität dieser Beziehung entscheidend dafür, ob negative Spätfolgen auftreten. Ich habe Mädchen gesehen, die von ihrem Vater mißbraucht worden sind, die verhältnismäßig wenig negative Spätfolgen zeigten – nämlich dann, wenn dieser Mißbrauch, diese falsche Liebe, nicht grob sexuell war, sondern doch liebevoll. Ich will diesen Mißbrauch auf keinen Fall verharmlosen oder herunterspielen, ich will jedoch zeigen, daß es selbst bei solchen einschneidenden Erlebnissen große Unterschiede in den Auswirkungen geben kann. Auch bei Strafen und sogar bei Schlägen kommt es sehr darauf an, wie die *ganze* Beziehung aussieht. Deshalb lassen sich auch keine Pauschalaussagen machen der Art »Wer als Kind geschlagen wurde, schlägt auch seine Kinder« – es gibt Eltern, die gerade deshalb nicht körperlich züchtigen, weil sie selbst als Kinder geschlagen worden sind.

Eltern versuchen oft unbewußt, den Kindern ihre Erwartungen und ihren Lebensstil aufzuzwingen.

Deshalb müssen sie ihre eigene Kindheit, ihr Verhalten und ihre Beziehung zum Kind durcharbeiten – da helfen keine Ratschläge, keine Experten. Ratschläge an sich sind ja nicht schlecht, aber sie müssen verarbeitet werden, in das eigene Leben integriert werden. In meinem Buch möchte ich die Eltern zum Überlegen, zum Nachdenken, zum Durcharbeiten auffordern. Das Kind fühlt, wenn sich seine Eltern diese Mühe machen, es fühlt, daß es den Eltern sehr wichtig ist. Der Versuch der Eltern, das Kind zu verstehen und auf ihre eigene Art das Richtige zu tun, gibt aber dem Kind nicht nur das Gefühl, den Eltern wichtig zu sein, es wird sich auch selbst wichtig. Die Basis für Selbst-Bewußtsein, für das Sich-selbst-Ernstnehmen ist, wie ernst man von den Eltern genommen worden ist.

Das Kind gewinnt also Selbstachtung, indem es von den Eltern beachtet, respektiert, ernst genommen wird.

Ja, die Entstehung der Selbstachtung, des Selbstrespektes ist ein langer und für die Persönlichkeitsentwicklung entscheidender Prozeß. Dieser Prozeß kommt heute manchmal schwer oder gar nicht in Gang, weil die Eltern selbst ihre Richtung verloren haben. Sie sind selbst verunsichert, sind sich ihrer Elternschaft nicht sicher. An den Biographien von Menschen, die selbst unter schwierigsten Lebensbedingungen ihre Selbstachtung nicht verloren haben, können wir ablesen, wie wichtig die Eltern bei der Entwicklung dieses Gefühls sind.

Dann gibt es also doch so etwas wie das Geheimnis guter Elternschaft?

BRUNO BETTELHEIM

Bruno Bettelheim, 1903 in Wien geboren, studierte in seiner Heimatstadt Philosophie und Psychologie und promovierte 1938 zum Doktor der Philosophie. Noch im selben Jahr – der »Anschluß« Österreichs ans »Reich« war vollzogen – wurde Bettelheim ins KZ Dachau gebracht. Ein Jahr war er in Dachau und Buchenwald, bevor er 1939 in die USA emigrieren konnte. 1944 übernahm er – inzwischen amerikanischer Staatsbürger – die Leitung der *Sonia Shankman Orthogenic School,* einer kindertherapeutischen Einrichtung an der Universität Chicago. Besonders seine Arbeit mit schwer gestörten und autistischen Kindern machte Bettelheim berühmt. Als Professor für Erziehungswissenschaften, Psychologie und Psychiatrie an der Universität Chicago hat er zahlreiche Bücher über seine Arbeit veröffentlicht. Die Summe seiner Erfahrungen als Kindertherapeut erschien 1975 unter dem Titel »Der Weg aus dem Labyrinth«. Darüber hinaus erschienen »So können sie nicht leben« (1973), »Leben lernen als Therapie« (1976), »Kinder brauchen Märchen« (1977), »Freud und die Seele des Menschen« (1984) und »Ein Leben für Kinder« (1988). 1990 starb Bruno Bettelheim durch Freitod.

Nein. Im Gegenteil: Ich möchte den Eltern die Angst nehmen, daß jeder Fehler von ihnen katastrophale Folgen haben könnte. Wenn die Balance stimmt, wenn sie das Kind lieben und sich um es bemühen, dann ist es gut – Eltern müssen nicht perfekt sein, und sie müssen auch von ihren Kindern keine Perfektion erwarten. Wenn es viele gute Erlebnisse zwischen Eltern und Kindern gibt, können auch Fehler die Balance nicht zerstören. Ein Problem in den Überflußgesellschaften der Industrieländer ist allerdings, daß Eltern zunehmend die Beziehung zu ihren Kindern veräußerlichen, sie ersetzen das Miteinander-Leben durch materielle Güter, durch materielle Verwöhnung.

Gilt auch in der Erziehung: Gut gemeint ist das Gegenteil von gut gemacht? Eltern versuchen oft vergeblich einen Mittelweg zwischen Verwöhnung und Kontrolle.

Eltern übersehen oft, wie schrecklich frustrierend das Leben des Kindes wirklich ist. Überall gibt es Grenzen, Verbote, Beschränkungen. Die Kultur erlegt uns allen, aber besonders den Kindern viele Frustrationen auf. Um so wichtiger ist es, daß diese zumindest symbolisch oder im Spiel kompensiert werden können. Das kann beispielsweise auch in den so oft kritisierten Kriegsspielen geschehen: Das Kind kann sich – im Spiel – wehren, es fühlt sich stark, es kann Partei ergreifen, kann sich rächen, und so werden die Zwänge der Zivilisation leichter erträglich.

Sind nicht die Frustrationen der Erwachsenen oft schuld daran, daß sie als Eltern Fehler machen? Sie geben die Zwänge und den Streß unbewußt an die Kinder weiter …

… und haben beispielsweise selten die nötige Geduld im Umgang mit Kindern. Das Leben der Erwachsenen ist frustrierend geworden. Zum Beispiel der ständige Zeitdruck – aber Kinder brauchen viel Zeit. Man muß nur einmal beobachten, wie die Kommunikation zwischen Eltern und Kindern oft geprägt ist von ständigen Aufforderungen der Eltern: Beeil dich! Mach schon! Los jetzt! Trödel nicht!

Das sind Disziplinierungsversuche, die Ihrem Verständnis von »Disziplin« zuwiderlaufen.

Disziplin hat in meinem Verständnis nichts mit Strafe oder Kontrolle zu tun – ich sehe Disziplin als liebevolle Beziehung zu einem Vorbild. Aber wer kann als frustrierter und gestreßter Erwachsener noch Vorbild sein, durch sein Verhalten überzeugen? Also treten Befehle und Strafen an die Stelle von Vorbildlichkeit.

Auch wenn Sie den Eltern Mut machen wollen mit Ihrem Buch, auch wenn Sie Perfektionsansprüche zurückweisen: Erziehung erscheint heute schwieriger als jemals zuvor.

Ja, das ist richtig. Heute müssen Eltern sehr viel mehr nachdenken, sehr viel mehr ihren Verstand gebrauchen als in früheren, eher traditionsgeleiteten Zeiten.

Aber auch heute kann Erziehung ohne weiteres gelingen, auch wenn es notwendige Phasen der Auseinandersetzung und des Konfliktes gibt, etwa in der rebellischen Phase der Jugendlichen, die sich erst viel später wieder den Eltern annähern. Aus meiner Arbeit mit gestörten Kindern und Jugendlichen weiß ich, daß die Heilung meist dann eintritt, wenn eine Versöhnung mit den Eltern möglich war, wenn sich die Einsicht durchsetzte, daß sie es trotz vieler Fehler und Mängel im Grunde gut gemeint haben. Man muß spätestens als Erwachsener seinen Frieden mit den Eltern gemacht haben.

(Mit Bruno Bettelheim sprach Heiko Ernst)

Dietrich Dörner

»Die Probleme unserer Welt werden nicht durch Mystik oder Meditation oder Esoterik gelöst, sondern durch klares, systemisches Denken«

»Tanaland ist ein Gebiet irgendwo in Ostafrika ... Im Norden leben die Moros ... Sie sind Hirtennomaden, die von Rinder- und Schafzucht und von der Jagd leben.« So beginnt das Szenario für ein Experiment, das Professor Dietrich Dörner und seine Forschungsgruppe an der Universität Bamberg durchführten: »Tanaland existiert nicht wirklich. Wir haben das Land erfunden, es existiert im Computer, der die Landesnatur sowie die Population von Menschen und Tieren und ihre Zusammenhänge ›simuliert‹.« Die Versuchspersonen in diesem Experiment durften, mit »diktatorischer Vollmacht« ausgestattet, für das »Wohlergehen der ganzen Region« sorgen – sie konnten beispielsweise Staudämme bauen, Geburtenkontrolle durchsetzen und so weiter. Der Computer zeigte dann, welche Folgen diese »Regierungstätigkeit« jeweils hatte. Ein Fazit dieses Experimentes und ähnlicher Simulationen in anderen »Umwelten« und mit anderen Problemstellungen, die die Bamberger Gruppe im Laufe der letzten Jahre durchführte: Häufig verursachten die Eingriffe der Versuchspersonen regelrechte Katastrophen.

Herr Professor Dörner, Sie haben in bahnbrechenden Experimenten mit Hilfe von Computersimulationen zeigen können, daß die Verwaltung einer Stadt oder die wirtschaftliche Sanierung eines Entwicklungslandes ungeahnte Schwierigkeiten für das menschliche Denken aufwerfen. Ist unser Denken überhaupt noch den oft selbstgemachten Problemen und Problemkomplexen gewachsen? Haben wir uns nicht eine so komplizierte Umwelt geschaffen, daß wir zwangsläufig scheitern müssen?

Diese Aussage möchte ich schon qualifizieren, sie kann so pauschal nicht gelten. Sicher gibt es im menschlichen Gehirn Vorausbedingungen für die Denkabläufe, die es uns schwermachen, mit bestimmten Problemen unserer selbstgeschaffenen Umwelt zu operieren. Aber ich bin andererseits ganz optimistisch, daß dies nicht zu Resignation oder Kapitulation führen muß. Allerdings müßten wir bestimmte Fehlerquellen viel genauer zur Kenntnis nehmen, müssen uns der Möglichkeit dieser Denkfehler ständig bewußt sein. Die Fehler sind ja oft ganz trivial und banal und lassen sich leicht vermeiden, wenn man ihre Bedingungen kennt. Um ein Beispiel zu nennen: In der Regel können Menschen sehr schlecht mit Zeit umgehen. Vergangenheit ist, kaum, daß sie nicht mehr Gegenwart ist, verblaßt und unscharf, die Zukunft ist ohnehin ungewiß, und so leben wir in der Gegenwart und haben es schwer, uns ein richtiges Bild über zeitliche Zusammenhänge und Zeitabläufe zu machen. Aber man kann sich hier ganz einfach helfen, indem man z. B. genaue Verlaufsprotokolle anlegt, indem man Zeit »verräumlicht«, anschaulich macht mit Diagrammen und anderen optischen Hilfsmitteln. Dadurch werden Abläufe »sichtbar«, die sonst schnell vergessen würden, wir können besser damit umgehen. Aber leider wird von solchen Hilfsmitteln für das Denken mit Zeitabläufen noch zuwenig Gebrauch gemacht.

Ihr Optimismus in Ehren, aber wenn man täglich die Zeitung aufschlägt, so scheinen sich die Katastrophen zu häufen, die auf menschliche Denkfehler zurückgehen, auf Fehleinschätzungen oder auf dem Beharren auf einmal eingeschlagenen Richtungen. Man wird den Eindruck nicht los, daß die Einsicht in die

Fehlerhaftigkeit des eigenen Denkens nicht besonders entwickelt ist.

Das ist sicher in weiten Teilen richtig. Natürlich nehmen damit, daß unsere Welt komplexer wird, auch die Fehlerquellen zu. So werden Nebenwirkungen und Fernwirkungen von Handlungen nicht berücksichtigt; die systemischen Zusammenhänge vieler Prozesse werden nicht gesehen. Das ist oft genug gesagt und beklagt worden. Aber ich bleibe dabei: Wenn man die Menschen auf diese Fehlerquellen aufmerksam macht, wenn man ihnen vor Augen führt, daß sich Denkfehler vermeiden lassen, dann muß es nicht zu katastrophalen Entwicklungen kommen. Was ich eben für den fehlerhaften Umgang mit Zeitabläufen gesagt habe, trifft natürlich besonders auf Politiker zu, die in Vierjahres-Perioden denken und daher die Fern- und Nebenwirkungen ihres eigenen Verhaltens gar nicht erst vor Augen haben und daher auch tatsächlich oft nicht mehr die Chancen haben, ihr Verhalten zu korrigieren. Es wäre sicher sinnvoll, Politikern einmal an einer Computersimulation im Zeitraffer vorzuführen, welche Langzeitwirkungen ihre Entscheidungen haben können. Solche Spiele brauchen gar nicht einmal besonders realistisch zu sein, es reicht, einmal die Auswirkungen des eigenen Handelns auf lange Frist zu erleben. Gerade in der Politik ließe sich vielleicht durch solche pädagogischen Maßnahmen erreichen, daß etwas mehr an Rationalität und Vernunft zum Zuge kommt. Heute jedoch machen Politiker oft Karriere, indem sie auf den Augenblick reagieren und für den Moment handeln, also ein Adhoc-Verhalten an den Tag legen.

Und dabei sind sie in dem Glauben, nach bestem Wissen und Gewissen zu handeln. Was das Wissen anbetrifft, so könnten ihnen Ihre Experimente ja zeigen, daß dies lückenhaft ist und das gute Gewissen, oder besser: die gute Absicht ja oft eher eine Garantie für das katastrophale Ende von politischem Handeln ist. Es sind ja nicht alle Politiker von Anfang an Zyniker und Psychopathen.

In unseren Experimenten mit den Computersimulationen ist aus manchem wohlmeinenden Experten ein Zyniker geworden. Dies geschieht leicht dann, wenn jemand nämlich feststellen mußte, daß seine guten Absichten und hehren Pläne immer tiefer in eine katastrophale Entwicklung geführt haben, wenn sich Anfangsfehler rächen, indem sie zu Katastrophen kumulieren, wenn ein System trotz ständiger »Korrekturen« außer Rand und Band gerät. Die gute Absicht ist etwas sehr Instabiles, und wenn sie nicht zum Ziel führt, dann wird daraus oft Zynismus. Die Geschichte ist ja voll von Beispielen für große Ideale, die mit einer gewissen Zwangsläufigkeit in Zynismus, im Totalitarismus geendet haben. Die Guillotinen der Französischen Revolution und die Lager des Stalinismus sind ja – und das ist das Makabre daran – geboren aus Idealen des Humanismus, der Menschenfreundlichkeit und der Aufklärung. Daß sie in Terror und Gewalt ausgeartet sind, liegt zum großen Teil auch an Denkfehlern und Fehlentscheidungen im Verlaufe der politischen Prozesse. Da wurden Neben- und Langzeitwirkungen unterschätzt oder außer acht gelassen, und wenn dann die unerwünschten Folgen des eigenen Handelns sichtbar wurden, haben neue Denkfehler den Prozeß noch beschleunigt und verschlimmert.

Ich plädiere dafür, daß die Fähigkeit zum Durchdringen komplizierter Zusammenhänge entwickelt wird. Wenn man den Menschen vor Augen führen kann, daß sie sich in sehr komplizierte Zusammenhänge hineinbegeben, in denen es nicht hinreicht, Ideale zu haben, dann ist schon viel gewonnen. Die Versuchsteilnehmer an unseren Computerplanspielen sind jedenfalls oft mit diesem Lernergebnis aus den Simulationen herausgekommen: Sie wurden vorsichtiger, sie wußten, wie leicht sich Fehler einschleichen und dann verselbständigen. Es gab manchmal geradezu »Erweckungserlebnisse« bei solchen Computerplanspielen, die schlagartige Einsicht in die Kompliziertheit von Zusammenhängen.

Ein häufiger Fehler scheint wohl die Vermengung von sehr unterschiedlichen Zielsetzungen in einem globalen Ziel zu sein – egal, ob dies in wirtschaftlichen, politischen oder gesellschaftlichen Handlungen der Fall ist. Der Keim für Fehlentwicklungen, wenn nicht Katastrophen, wird bei der Zielsetzung oder Zielformulierung gelegt.

Ein Beispiel für ein solches widersprüchliches Zielbündel wäre der Slogan der Französischen Revolution »Freiheit, Gleichheit, Brüderlichkeit«. Das sind drei Ziele, die nicht immer vereinbar sind. Die Freiheit kann Unbrüderlichkeit produzieren und die Gleichheit Unfreiheit; das wird erkennbar, wenn man diese Ziele zusammen sieht mit ihren Realisierungsbedingungen. Wenn man diese nicht mit beachtet, wenn man nicht erkennt, daß bestimmte Dinge nicht zugleich zu haben sind, dann gibt es Konflikte und Probleme.

Die Leitbegriffe unserer Gesellschaft sind ja fast immer solche Zielbündel, ich denke etwa an die »soziale Marktwirtschaft«. Auch hier ein eingebauter Widerspruch …

… eine sogenannte Verbalintegration, …

… die über ihre ideologische Verschleierungsfunktion hinaus natürlich auch ein nebulöses Wunschdenken widerspiegelt.

Man muß nicht hinter jedem dieser Begriffe eine böse Absicht, eine Verschleierungs- oder Verschwörungsabsicht vermuten, und man darf nicht glauben, daß in der Entscheidungspraxis immer glasklare Ziele formuliert werden können. Oft entwickeln sich neue Ziele erst während des Handlungsprozesses. Aber keinesfalls darf man immer nur von Tagesproblemen ausgehen und seine Entscheidungen unter dem Druck dieser Probleme kurzfristig treffen. Richtig ist, in größeren und längerfristigen Zusammenhängen zu denken und die Auswirkungen jeder einzelnen Maßnahme zu bedenken. Nehmen wir die Gesundheitsreform – eine Reform, die möglicherweise in der guten Absicht beschlossen wurde, Auswüchse und Fehlentwicklungen zu bekämpfen. Aber wenn man nun zum Beispiel den Leuten die Möglichkeit nimmt, bestimmte Medikamente oder Leistungen auf Rezept zu bekommen, dann erzeugt man zunächst einmal die Tendenz, dieselben Dinge auf irgendwelchen krummen Wegen zu erhalten. Das Problem wird nur in eine Grauzone verlagert, die noch schwerer zu kontrollieren ist.

Manche Politiker machen aus der Improvisiererei ja geradezu eine Philosophie, sie berufen sich etwa auf den kritischen Ratio-

nalismus und sein »piecemeal engineering«, also das fast experimentelle Wurschteln von Tag zu Tag als politisches Programm. Wer weiter blickt, wird als Visionär belächelt.

Es gibt Politikertypen, die eher den Pragmatikertyp verkörpern, andere sind eher Visionäre. Entscheidend ist, daß sich beide Denkstrategien ergänzen, daß sie beide ja nach Situation erfolgreich und sinnvoll sein können. Damit ist nichts anderes gefordert als eine Flexibilität der Denkweisen, die Fähigkeit zum Umschalten. Ich muß wissen, wann welcher Denkstil angebracht ist. Im Umgang mit sehr komplexen Systemen reicht ein Denkstil alleine nie aus, einmal kann das eine richtig sein, zu einem anderen Zeitpunkt das genaue Gegenteil. Auf politische und geschichtliche Prozesse angewandt, bedeutet dies, daß in bestimmten Phasen der eine Politikertyp erfolgreich ist, zu anderen aber ein ganz anderer. Nehmen wir etwa Winston Churchill im England des Zweiten Weltkrieges – der richtige Mann fürs Kriegführen, fürs Kämpfen und Durchhalten. Aber für den Alltag, für die Zeit nach dem Krieg, wo alltägliche und kleine Probleme analysiert und bewältigt werden mußten, war er sicher nicht die richtige Person. Und die Engländer haben dies sehr wohl erkannt – trotz seiner Erfolge im Krieg wurde er nicht wiedergewählt.

Die Frage wäre beispielsweise, ob nicht in unserer heutigen politischen Großwetterlage, wo sich das Ost-West-Verhältnis neu bestimmt, ein charismatischerer Politiker mit mehr Vision und Weitblick als zum Beispiel Helmut Kohl besser am Platz wäre.

Gibt es denn eine Form der Intelligenz, einen Denkstil, der besser als andere geeignet ist, komplexe Probleme zu lösen?

Ich würde keine Abstufungen zwischen verschiedenen Intelligenzen oder Teilintelligenzen vornehmen – das würde ja genau gegen das Prinzip »Wann welches Denken?« verstoßen. Manchmal ist das analytische Denken gefragt, das Denken im Detail, und zu anderen Zeitpunkten braucht man die Synthese, das Denken »im großen Stil«, wo Details ganz bewußt übersehen werden müssen. In Institutionen wird das ja oft arbeitsteilig gehandhabt, etwa zwischen »Stabsoffizieren« und

»Kommandeuren«, zwischen Ministern, Staatssekretären und Sachbearbeitern. Je besser sich in einem Team die einzelnen Intelligenztypen ergänzen, desto besser auch die gemeinsame Leistung. Und auf das Individuum bezogen, bedeutet dies: Nicht auf dem einen Denkstil beharren, den man vielleicht besonders gut beherrscht, sondern die Flexibilität entwickeln, zwischen verschiedenen Betrachtungsweisen von Problemen hin und her zu schalten, also sowohl analytisch als auch synthetisch zu denken.

Wie läßt sich die Erfahrung, die Ihre Versuchspersonen in den Simulationsexperimenten machen, auf unser Bildungssystem übertragen? Lassen sich die Einsicht in eigene Denkfehler und das Wissen um die Fehlerquellen vermitteln?

Ja. Menschen lassen sich sensibilisieren für das Denken in größeren Zusammenhängen. Das ist möglich. Allerdings sind wir beispielsweise immer noch zu sehr fixiert auf das Denken in Kausalketten: Das eine bewirkt das zweite, das zweite das dritte, und das dritte bewirkt das vierte. Das hängt vielleicht – jenseits unserer physikalisch-naturwissenschaftlichen Grundausbildung – damit zusammen, daß eben Kausalketten erheblich weniger Ansprüche stellen an unsere kognitive Kapazität als ein Netzwerk von Kausalbeziehungen. Aber um das Erkennen von Netzwerk-Zusammenhängen kommen wir heute nicht mehr herum. Solche Kausalnetze verhalten sich oftmals kontraintuitiv – ich erwähne hier nur die Stichworte Katastrophentheorie und Katastrophenmathematik, also die Bereiche der Physik und der Mathematik, die in deterministischer Weise chaotische Gebilde erzeugen. An diesen Systemen läßt sich studieren, wie erwartungswidrig sich komplexe Systeme verhalten.

Der systemische Aspekt muß meines Erachtens in der Schule, in der Ausbildung weit mehr betont werden als bisher. Wir müssen vermitteln, wie man konkrete Systeme, in denen die Menschen leben und arbeiten, richtig analysiert – wann habe ich beispielsweise mit positiven Rückkoppelungen, wann mit negativen Rückkoppelungen zu rechnen? Wann zerfällt ein System, wann fängt es an zu »flattern« – wir müssen also die Möglichkeiten für das Verhalten eines komplexen Systems im Grunde in unserem Hinterkopf parat haben, um sie auf konkrete Situationen anwenden zu können. Das läßt sich vermitteln und lernen.

Das Denken in Kausalketten, aber auch das Segmentieren von Wissensgebieten steht einem systemischen Denken entgegen. Und angesichts einer explosionsartig wachsenden Informationsmenge ist der Rückzug auf kognitiv weniger strapaziöse Denkweisen doch verständlich. Immer weniger Leute verstehen immer mehr von immer weniger, verlieren aber gleichzeitig die Zusammenhänge aus dem Auge. Umgekehrt hat sich aber auch eine Gruppe etabliert, die sozusagen vernetzt und systemisch über den Wassern schwebt und à la Capra alles mit allem auf sehr vage Weise in Zusammenhang bringt.

Diese Beschreibung ist sicher teilweise richtig, aber das ist keine zwangsläufige Entwicklung. Ich will das einmal am Beispiel der Psychologie verdeutlichen, die ja den klassischen Naturwissenschaften lange nachgeeifert hat und dies in weiten Bereichen immer noch tut. Da gibt es also die Emotionspsychologie, die Denkpsychologie, die physiologische Psychologie und so weiter und so fort. Und jeder Teilbereich folgt dem Wissenschaftsmodell der Naturwissenschaften, der Anhäufung von immer mehr Detailwissen in einem engbegrenzten Bereich. Wir versuchen nun hier in unserer Ausbildung in Bamberg, die vielen Details aus der Wahrnehmungspsychologie, der Motivations- und der Emotionspsychologie zu verbinden mit Kursen, wo die Teilbereiche zusammenfließen und den Studenten klargemacht wird, wie beispielsweise Emotionen, Denken und Lernen zusammenwirken. Das erfordert natürlich zunächst ein Umdenken in der Ausbildungsform, man muß dafür neue Kapazitäten zur Verfügung stellen. Aber die kann man dort gut sparen, wo Leute in Sachverhalten ausgebildet werden, die sie nie mehr brauchen, nie mehr benötigen werden. Die Überbetonung bestimmter Zweige der Methodik beispielsweise ist typisch für die Arbeit in vielen psychologischen Instituten. Ich habe überhaupt nichts gegen Methodik, halte es für absolut notwendig, daß ein Psychologe vernünftig mit Statistiken und Versuchsanordnungen umgehen kann, aber es gibt da die erstaunlichsten Auswüchse. Da werden in einer bestimmten Universität beispielsweise die Studenten zunächst in EDV ausgebildet, was zunächst noch vernünftig und nachvollziehbar ist. Dann aber bekam die Sache einen Dreh ins Absurde; statt den Umgang mit Programmsystemen im Hinblick auf bestimmte psychologische Fragestellungen zu vermitteln, wurde nun das Assemblerprogrammieren gelehrt nach dem Motto: Computer kann man überhaupt nur kapieren, wenn man alle ihre technischen Details kennt.

Das letztere wäre ein Beispiel für eine »Zielentartung«, wie Sie sie in Ihrem neuen Buch aufführen: Ein Zwischenziel wird zum Endziel oder gar zum Lebenszweck. Anstatt die gelernten Methoden anzuwenden auf sinnvolle Fragestellungen, treiben viele Psychologen Methodenfetischismus.

Worunter natürlich die Integration verschiedener Wissensgebiete auf einer höheren Ebene leidet, und die Psychologie kann ja heute kaum noch ein Menschenbild vermitteln, nur sehr wenige trauen sich das zu, etwa Norbert Bischof in Zürich. Um noch einmal auf das Psychologiestudium zurückzukommen: Es ist wichtig, Überblick- und Detailwissen ins richtige Verhältnis zu bekommen, den Blick dafür zu schärfen, was ein isoliertes Wissenspartikel ist, das in einen größeren Zusammenhang zurückzuführen ist. Da dies aber oft nicht geschieht, da viele Details und Lernstoffe isoliert vermittelt werden, ziehen sich natürlich die meisten Studenten nach den Pflichtübungen in Grundlagenfächern aufatmend in die Klinische Psychologie zurück, wo sie es dann endlich »mit richtigen Menschen« zu tun haben. Aber ich möchte noch eine kritische Bemerkung zu einer anderen Entwicklung machen: zum Schwelgen in allseits vernetzten Zusammenhängen. Diese fast religiöse Beschwörung der Ganzheitlichkeit wird dann oft verdächtig, wo sie nicht mehr auf Denken in Systemzusammenhängen abhebt, sondern umgekehrt – wie bei Capra – das rationale, klare, analytische Denken attackiert.

Natürlich hat das rationalistische und analytische Denken uns viele Probleme geschaffen, es hat uns oft von unserer natürlichen Umwelt entfernt und entfremdet. Aber eben nicht nur das, es hat uns auch viele Fortschritte gebracht. Wichtig ist es nun, nicht als Gegenpol zum rationalen Denken ein mystisches Ganzheitsdenken aufzubauen, das wäre äußerst gefährlich. Ich halte es für vernünftig, das rationale und analytische Denken auszudehnen auf den Umgang mit Systemen. Das ist der entscheidende Punkt, um den es geht. Das rationale Denken wird dann problematisch, wenn es in isolierten Gebieten verharrt und verhindert, daß in analytischer Weise Systeme studiert werden. Daß dies möglich ist, zeigt uns die Systemtheorie. Das ist eine analytische Wissenschaft und keine mystische Seinserkenntnis oder esoterische Lehre. Das Gefährliche der Ganzheitsmystik ist, daß sie uns vorgaukelt, es gäbe ganz einfache Problemlösungen. Die Probleme unserer Welt werden nicht durch Mystik oder Meditation oder Esoterik gelöst, sondern durch ein klares Denken, das Systemzusammenhänge berücksichtigt.

Sie würden also dem Satz von Weizsäckers zustimmen, daß wir die Probleme, die wir uns im Westen selber geschaffen haben, auch nur durch westliches Denken wieder lösen können?

Genauso würde ich es auch sagen. Die Suche nach dem Patentrezept ist psychologisch klärbar – sie entspricht der Ökonomietendenz des menschlichen Denkens, sich die Sache möglichst einfach zu machen und Komplexität zu reduzieren. Nach dem Motto: Wir müssen nur den richtigen Ansatzpunkt finden, dann läßt sich alles schlagartig umkrempeln, und alles wird besser. Das ist natürlich Blödsinn.

Und doch ist diese Reduktion doch manchmal einfach notwendig. Wir kämpfen doch schon im Alltag mit einem Overload an Informationen, die wir nicht mehr verarbeiten können.

Das ist richtig – es kommt aber darauf an, die Tendenz des eigenen Denkens zum Reduzieren und Abstrahieren zu erkennen. Wenn man sich über diese Ökonomietendenz des eigenen Denkens im klaren ist und sie sich immer wieder bewußt macht, dann sind solche Reduzierungen auch nicht gefährlich. Wenn wir uns also der Vereinfachungsschritte in unserem Denken bewußt bleiben, wenn wir wieder »umschalten« können, dann ist das in Ordnung.

Man sollte also quasi neben sich selbst stehen und seine eigene Denkweise beobachten?

DIETRICH DÖRNER

Dietrich Dörner, geboren 1938 in Berlin, ist seit 1979 Professor für Psychologie an der Universität Bamberg. Seine Laufbahn als Psychologe begann er in Kiel, wo er studierte, promovierte und sich habilitierte.

Schon sehr früh integrierte er systemtheoretische und kybernetische Denkansätze in seine Arbeit, und schließlich entdeckte er den Computer als Hilfsmittel für die Simulation realitätsnaher Szenarien.

Dieser Forschungszweig wurde einer breiteren Öffentlichkeit bekannt, als Dörner (zusammen mit Kollegen) das Buch »Lohhausen« veröffentlichte, eine Studie über die »Verwaltung« einer fiktiven Stadt.

Wichtige Veröffentlichungen bisher: »Lohhausen. Vom Umgang mit Unbestimmtheit und Komplexität«. Hrsg. v. Dörner, Dietrich u. a. Bern 1983; »Die Logik des Mißlingens«. Reinbek 1989

Ja. Es ist sehr wichtig, die Anfälligkeit des eigenen Denkens für Vereinfachungen, Reduzierungen und Fehler im Auge zu behalten. Das gilt beispielsweise auch für den Zusammenhang von Emotionen und Denken. Wir wissen ja, wie sehr in bestimmten Situationen Gefühle unser Denken beeinträchtigen – in Panik, in Streß, in Angst, Wut und Zorn hat die Rationalität kaum noch Chancen. Um das zu erkennen, braucht man kein Psychologe zu sein.

Das menschliche Gehirn ist eben kein Verbund aus fest vorprogrammierten Computern, sondern ein Organ, welches sich ständig selbst reprogrammieren kann. Es ist höchst flexibel, es kann auch mit der Tatsache fertig werden, daß es durch Emotionen oft in seinen Denkfunktionen behindert wird.

Mir ist aufgefallen, daß in Ihren Computersimulationen in der Regel einzelne mit einer Problemsituation konfrontiert werden. In der sozialen Realität ist es aber oft so, daß Entscheidungen und Problemlösungen Sache von Gruppen und Gremien sind, in denen sich entweder die Denkfehler von einzelnen relativieren lassen oder aber – wie das »Group think«-Phänomen zeigt – kollektive Denkfehler zu katastrophalen Entscheidungen kumulieren können.

Das ist völlig richtig, im Alltag werden die meisten Probleme von Gruppen gelöst, und die Psychologie müßte auch in der Forschung dieser Tatsache Rechnung tragen. Aber sie hat aus einer bestimmten Tradition heraus den Blick auf das Individuum verengt. Konkret hat sich das bei uns einmal so ausgewirkt, daß uns Forschungsgelder für die Untersuchung von Gruppenentscheidungen verweigert wurden.

Die Begründung war beispielsweise: »Du bist ›allgemeiner‹ Psychologe; du hast Individuen zu untersuchen, sonst gibt es kein Geld.« Ähnliches geschah uns mit einem Projekt, welches den Zusammenhang von Emotionen und Planungsverhalten untersuchen sollte. – Wir haben uns in der Tat aufs Individuum konzentriert.

Im Grunde hätte man genau andersherum vorgehen müssen: Man hätte von komplizierten Problemen, die von Gruppen gelöst werden, ausgehen müssen, um dann zu untersuchen, wie sich die Gruppensituation auf den einzelnen auswirkt, und die Richtung der Forschung hätte also trichterartig von oben nach unten sein müssen; wir sind von unten nach oben vorgegangen.

Aber wir sind nun dabei, Denkstile und das Planungs- und Entscheidungsverhalten in Gruppen zu untersuchen, beispielsweise in einem Projekt über das Entscheidungsverhalten von Gruppen im Umgang mit der AIDS-Epidemie. Dabei scheint sich im Augenblick herauszukristallisieren, daß die Gruppen zwar einerseits den größten Unsinn auffangen und neutralisieren, unter Umständen aber auch verhindern, daß wirklich interessante, aber auch riskante und schwer durchschaubare Ansätze durchgeführt werden. Entscheidend scheint zu sein, wie eine Gruppe zusammengesetzt ist, wie sie organisiert ist, welches Gruppenklima herrscht. Man muß wohl Entscheidungsgruppen richtig zusammensetzen, um optimale Lösungsvorschläge zu erhalten.

Der einzelne muß in diesen Gruppen die Möglichkeit haben, sein volles Potential einzubringen. Gruppen tendieren manchmal zu einer gewissen Trägheit. Vor allem möchten sie oft nicht den Modus vivendi gefährden, den sie gerade erst mühsam gefunden haben und der dann durch einen »Ausreißer« gefährdet wird.

Die menschengemachten Systeme, etwa in der Großtechnologie, sind immer anfälliger für »menschliches Versagen«, was ja nichts anderes bedeutet als Denkfehler und Fehleinschätzungen. Gibt es eine natürliche Grenze, ab der wir einer komplexen Situation nicht mehr gewachsen sind, die vielen Variablen nicht mehr überschauen können?

Es gibt keine Zahl, in der sich diese Grenze ausdrücken ließe. Sie fragen ja wohl nach einer Art Naturkonstante, einer Kapazitätsgrenze. Diese Frage ist schwer zu beantworten, denn die menschliche Kapazität ist wirklich erstaunlich. Ein hochgeübter Operateur in einem bestimmten Bereich kann Systeme steuern, die aus Tausenden von Variablen bestehen. Denken Sie an das Beispiel eines Autofahrers, es ist unglaublich, was er während des Fahrens alles aufnimmt, wie er es verarbeitet, in Handlung umsetzt – meist in vernünftige Handlungen umsetzt. Aber hier handelt es sich natürlich um Systeme, die wir gut kennen, in die wir hineingewachsen sind. Ganz anders verhält es sich bei neuen Systemen, da kann die Grenze schon bei drei bis vier Variablen liegen, die miteinander interagieren.

Selbst erfahrene Spezialisten machen oft krasse Fehler, wenn es darum geht, das Verhalten von Systemen zu prognostizieren. Die Prognosefähigkeit scheint allenthalben unterentwickelt, in der Wirtschaft, in der Psychologie, in vielen anderen Bereichen. Läßt sich die menschliche Prognosefähigkeit verbessern? Und wenn ja, wie?

Es gibt dafür keine Patentrezepte. Aber die meisten Prognosen, die heute gemacht werden, kranken wohl daran, wenn ich es recht überschaue, daß irgendwelche Entwicklungen aufgrund einfacher mathematischer Modelle in die Zukunft verlängert werden. Fortschreibung statt Prognose! Vernünftige Prognosen ergeben sich aus der Einsicht in die Art und Weise, wie ein System funktioniert, wie die verschiedenen Größen, die in einem System stecken, miteinander interagieren. Nur wenn man das beachtet, kann man plötzliche Veränderungen, Krisen und Kehrtwendungen in Rechnung stellen.

Wir sollten lernen, nicht so sehr in der Fortschreibung von Entwicklungen, sondern in Szenarien zu denken, das heißt, wir sollten lernen, die Interaktionen der Variablen eines Systems zu beachten. Aber selbst dann sind wohl gute langfristige Prognosen kaum machbar. Um so wichtiger ist es dann, beim Auftreten von Krisen keine Denkfehler zu machen und das Problem zu vergrößern.

Sie bleiben also bei Ihrer optimistischen Einschätzung des menschlichen Denkvermögens, der menschlichen Problemlösefähigkeit? Die Beispiele in Ihrem Buch geben doch eher Anlaß zur Resignation – wenn also beispielsweise hochintelligente Menschen daran scheitern, einem Entwicklungsland in der Sahelzone auf die Sprünge zu helfen und durch ihre gutgemeinten Maßnahmen immer weitere Katastrophen herbeiführen. Könnte das nicht bei einigen der Versuchspersonen dazu führen, daß sie aus lauter Angst vor weiteren Fehlern einfach gar nichts mehr tun, keine Entscheidungen mehr treffen? Immobilismus aus Einsicht in die eigene »Denkschwäche«?

Es tut mir leid, daß durch einige Beispiele in meinem Buch dieser Eindruck entstanden ist. Vielleicht ist es in manchen Situationen durchaus richtig, zunächst einmal nichts zu tun. Gerade wir in den westlichen Zivilisationen neigen dazu, immer etwas tun zu wollen.

Don't just do something, stand there! Also, die buddhistische Umkehrung der alten Aufforderung: Steh nicht rum, tu was!

Das kann manchmal richtig sein, aber es ist natürlich auch wieder kein Patentrezept. Gerade bei dem Moro-Spiel, in dem es um die komplexe Situation ging: »Wie helfe ich einem Volk in der Sahelzone?« gab es Versuchspersonen, die ganz prächtig mit der Situation fertig geworden sind. Natürlich werden in einem solchen Buch, in dem man auf Denkfehler hinweist, die negativen Beispiele überbetont. Aber es gab unter unseren Versuchspersonen durchaus viele, die mit wohlüberlegten und gutdosierten Maßnahmen den Lebensstandard der Moros verbessert haben. Und das bestärkt mich in der Meinung, daß rationale Problemlösungen möglich sind. Ich bin also der Meinung, daß das menschliche Denken durchaus in der Lage ist, mit den Problemen komplexer Systeme zurechtzukommen.

(Mit Dietrich Dörner sprach Heiko Ernst)

Marie Jahoda

»Mit der Arbeit verlieren Menschen auch das Gefühl für Realität«

Wieviel Arbeit braucht der Mensch? So viel, daß er den Kontakt zur gesellschaftlichen Realität nicht verliert, meint die große alte Dame der Sozialwissenschaften, Marie Jahoda. Arbeit ist deshalb auch nicht durch noch so ausgefüllte Freizeit zu ersetzen. Und Arbeitslosigkeit ist auch bei materieller Sicherheit ein unerträglicher psychischer Zustand. Das Interview entstand 1983.

Frau Jahoda, Sie haben vor 50 Jahren die Auswirkungen der Arbeitslosigkeit in einem kleinen österreichischen Dorf untersucht. »Die Arbeitslosen von Marienthal« ist ein Klassiker der sozialwissenschaftlichen Literatur geworden. Ist Arbeitslosigkeit heute für die Betroffenen noch dasselbe wie damals?

Der allgemeine Lebensstandard hat sich in dem halben Jahrhundert seit der Weltwirtschaftskrise ungeheuer verbessert, die Arbeitslosenunterstützung ist wesentlich höher als damals, das ganze Ethos der Gesellschaft hat sich verändert. Aber trotz dieser Entwicklung glaube ich, daß Arbeitslosigkeit vor allem psychisch ein gewaltiges menschliches Problem geblieben ist. Das läßt sich einerseits mit wissenschaftlicher Literatur belegen – es gibt heute allerdings weit weniger spezielle Untersuchungen als damals in den Krisenjahren. – Was Arbeitslosigkeit bedeutet, läßt sich aber auch erschließen, wenn man analysiert, welche Funktionen die Arbeit im Leben des Menschen hat.

Sie meinen: Von der Bedeutung der Arbeit für den Menschen schließen Sie darauf, wie schlimm der Verlust dieser Arbeit ist?

Ja. Eine normale Arbeit bietet fünf Erlebnisse, die der Mensch braucht, ob er nun seine Arbeit liebt oder nicht. Diese fünf Erlebniskategorien sind:

Erstens die zeitliche Gliederung oder Strukturierung des Tagesablaufes. Zweitens die Erfahrung, daß in unserer Gesellschaft Arbeitsteilung und Kooperation nötig sind, daß es Aufgaben gibt, die der einzelne nicht alleine bewältigen kann. Man wird Teil eines größeren Kollektivs. Drittens werden die sozialen Erfahrungen bereichert – man hat mit Kollegen zu tun, lernt ihre Probleme kennen, muß sich mit anderen auseinandersetzen – der menschliche Horizont erweitert sich. Viertens wird der Status und die Identität eines Menschen in unserer Gesellschaft vor allem über die Arbeit definiert. Fünftens schließlich bedeutet Arbeit – auch wenn das jetzt banal klingt – regelmäßige Aktivität. Auch bei sehr geringer Gesamtarbeitszeit ist Arbeit immer auch Arbeit mit und an der Realität. Freud hat einmal gesagt, daß die Arbeit das stärkste Band des Menschen an die Realität ist.

Arbeitslosigkeit bedeutet dann also auch Realitätsverlust?

Ja, in der Arbeitslosigkeit vermissen die Menschen diese Realitätsbezogenheit sehr. Natürlich könnte man nun argumentieren, daß man sich diese fünf Erlebnis-Typen auch selbst verschaffen kann. Aber die meisten Arbeitslosen heute sind ungelernte Arbeiter, Leute mit geringer Schulbildung – wie sollen die das aus sich selbst heraus leisten? Auch Universitätsprofessoren wissen manchmal in einem Freisemester nichts mit sich anzufangen! Ich glaube also, daß die psychischen Leiden der Arbeitslosigkeit vor allem mit diesen fünf Funktionen der Arbeit für das Leben des Menschen zusammenhängen.

Aber ist Arbeit wirklich noch das Zentrale im Leben der Menschen? Es scheint so, als ob es unter den jetzigen Bedingungen bald gar nicht mehr genug Arbeit geben wird für alle. Rationalisierung und Automatisierung einerseits, das Ende der Wachstumsideologie andererseits machen immer mehr Arbeiter »überflüssig«, und neue Arbeitsplätze gibt es kaum. Gleichzeitig wird immer öfter von Verkürzung der Gesamtarbeitszeit gesprochen und von der »Freizeit-Gesellschaft«. Verliert die Arbeit ihren Stellenwert?

Arbeit und Freizeit sind komplementär, aber das eine kann nicht das andere ersetzen. Eine noch so sinnvoll gestaltete Freizeit kann nicht die fünf genannten Erfahrungen vermitteln. Was die Verkürzung der Arbeitszeit anbetrifft, so sind die fünf Erlebniskategorien nicht davon abhängig, ob jemand 40 oder 70 Stunden arbeitet – die Erfahrungen werden genauso gemacht, wenn man nur 20 Stunden arbeitet. Die Verkürzung der Arbeitszeit, wie sie vor allem die Gewerkschaften fordern, ist sicher notwendig und vernünftig. Daß sie noch nicht voll durchgesetzt werden kann, hängt vor allem mit den Komplikationen und Strukturen des Arbeitsmarktes zusammen, denn die Rechnung, daß durch die Einführung der 35-Stunden-Woche etwa die Arbeitslosen absorbiert werden könnten, geht zumindest kurzfristig nicht auf.

Sie soll vielleicht auch nicht aufgehen, denn ein bestimmter Prozentsatz von Arbeitslosen läßt sich in Tarif- und Gesellschaftspolitik gegen die sogenannten »Arbeitsbesitzer« ausspielen.

Konservative und Ordo-Liberale gehen sogar so weit, zu behaupten, daß wir mit einer bestimmten Zahl von Arbeitslosen auf lange Sicht werden leben müssen. Und zu noch etwas sind die Arbeitslosen gut: Man kann sie als Argument gegen die Bewegung zur Humanisierung der Arbeit verwenden. Lieber einen schlechten Arbeitsplatz als gar keinen …

Ich hoffe, daß Sie meine Argumente nicht in so schlechter Gesellschaft sehen. Ich halte es für unsinnig, über Arbeitslosigkeit zu diskutieren, ohne gleichzeitig über die psychische und ökonomische Situation der Arbeitenden zu reden. Aber zu den Arbeitslosen: In 500 Jahren vielleicht mögen die Bedürfnisse, die ich eingangs erwähnt habe, auf andere Art als durch Arbeit befriedigt werden. Auf absehbare Zeit jedoch bleibt Arbeitslosigkeit ein großes psychisches Problem. Einen Unterschied zwischen den heutigen Arbeitslosen und denen der Weltwirtschaftskrise in den 30er Jahren sehe ich: Ich glaube nicht, daß die heutigen Arbeitslosen, die insgesamt physisch gesünder sind und einen besseren Lebensstandard haben, ihr Schicksal mit derselben Resignation hinnehmen.

Die Frage ist aber auch, ob die Arbeitenden es hinnehmen, daß ihre Humanisierungswünsche mit dem Hinweis auf die hohe Arbeitslosigkeit abgeschmettert werden. Die Humanisierung gilt in Krisenzeiten oft als teurer Luxus, den man sich nicht leisten kann. Arbeitswissenschaftler, Psychologen und einige aufgeschlossene Unternehmer versuchen deshalb den Nachweis zu führen, daß Humanisierung auch im Dienste der Gewinnsteigerung stehen kann …

Zunächst will ich noch einmal festhalten, daß ich die Humanisierung vieler Arbeitsplätze für mindestens ebenso dringlich halte wie die Beseitigung der Arbeitslosigkeit. Ich weiß in England von vielen Arbeitern, deren psychische und ökonomische Situation aufgrund unmöglicher Arbeitsplätze fast so schlimm ist wie die der Arbeitslosen. In der Humanisierungsdebatte stellen sich zwei ernste Probleme: Die Sozialpsychologen haben vor 20, 25 Jahren angefangen mit Humanisierungsstudien. Daraufhin wurden die Verbesserungen der Arbeitsplätze und die Beteiligung der Arbeitenden an Entscheidungen vorgeschlagen in der Annahme, damit auch eine Steigerung der Produktivität erreichen zu können. In vielen Untersuchungen und Experimenten wurde zwar die subjektive Arbeitszufriedenheit verbessert, aber die erhoffte und versprochene Effektivitätssteigerung blieb aus. Die von vornherein vorgenommene Koppelung dieser beiden Erwartungen muß nun mühsam aufgelöst werden: Arbeitgeber müssen begreifen lernen, daß Produktivitätssteigerung nicht das einzige Ziel organisierter Arbeit ist. Wenn Humanisierung die Produktivität steigert – gut. Wenn nicht, bleibt sie für sich allein ein genauso wichtiges Ziel. Das zweite Problem hängt mit Untersuchungen zusammen, in denen erforscht wurde, wer unter den Arbeitnehmern die Humanisierung wirklich will. Da gibt es ein schwieriges und enttäuschendes Resultat: Diejenigen, die eine Humanisierung am nötigsten brauchen, also Arbeiter an monotonen und stressenden Arbeitsplätzen, wollen sie oft gar nicht. Das Engagement für Verbesserungen und für Mitbestimmung kommt vor allem von den gutausgebildeten Arbeitern, von den Facharbeitern. So entsteht ein moralisches Problem: Haben wir, die wir überzeugt davon sind, daß beispielsweise Fließbandarbeit mit kurzen Takten menschenzerstörend ist, das Recht, den Betroffenen die Veränderung aufzudrängen? Ich glaube, ja. Wir müssen zeigen, daß die Arbeitszufriedenheit derer, die heute noch keine Bedürfnisse nach Verbesserung äußern, gesteigert werden kann.

Daß so viele ungelernte Arbeiter sich mit ihrer Situation abfinden, hängt zum großen Teil auch von einem der Arbeit vorgeordneten Bereich ab: von Schule und Ausbildung. Dort wird ja schon entsprechend »sozialisiert«.

Das Schulsystem in den Industrieländern muß so verändert werden, daß Menschen darauf vorbereitet werden, von sich aus ihre Arbeit wählen und erträglich finden zu können. Und sie sollten lernen, auch ihre Freizeit konstruktiv zu nutzen.

Die einen werden immer noch für einen Job zugerichtet, der mit Selbstverwirklichung oder »Berufung« nichts zu tun hat, andere, Privilegiertere, bereiten sich auf Berufe vor, in denen zumindest graduell Befriedigung erreicht werden kann.

Nur für eine kleine Minorität bilden Leben und Arbeiten eine Einheit – aber selbst für die gibt es Frustrationen und Schwierigkeiten, auch die wünscht die Arbeit oft zum Teufel. Ich glaube nicht, daß es möglich ist, eine komplexe moderne Gesellschaft so zu organisieren, daß alle ununterbrochen Befriedigung in ihrer Arbeit finden. Das ist eine Utopie. Realistisch ist aber, die Befriedigungsbereiche auch in der ungelernten Arbeit einzuführen und auszuweiten. Da ist noch vieles machbar. Zum Beispiel konnte durch arbeitspsychologische Untersuchungen gezeigt werden, daß Menschen selbst in langweiligen Arbeiten Befriedigung finden können, wenn sie das Gefühl haben, ihre Arbeit voll zu meistern und gut zu erledigen.

Sie sehen die Gründe für Arbeitszufriedenheit in erster Linie am Arbeitsplatz selbst und weniger in den gesellschaftlichen Rahmenbedingungen. Konkret heißt das also: In den Ländern des realen Sozialismus reicht es offenbar nicht aus, wenn die Arbeiter wissen, daß sie die Eigentümer der Produktionsmittel sind. Die Beseitigung des Privateigentums …

… garantiert allein noch keine Arbeitszufriedenheit. Entfremdung kann auch dort auftreten. Das mag eine große Enttäuschung sein. Ich habe vor kurzem einen Artikel über die Arbeit eines russischen Ökonomen gelesen, Mitglied der Akademie der Wissenschaft der ehemaligen Sowjetunion, in dem er allen Ernstes schreibt, daß Arbeitslosigkeit in seinem Land vielleicht nötig wäre, um den Arbeitern klarzumachen, daß auch ungeliebte Arbeiten erledigt werden müssen. Arbeitslosigkeit als Druck- oder Drohmittel im Sozialismus! Dieser Ökonom fordert industrielle Reservearmeen für seine Volkswirtschaft – wie ein Kapitalist. Und selbst in einem Land wie dem ehemaligen Jugoslawien, wo früher die interessantesten Experimente zur Arbeitsdemokratie stattfanden, wiesen sympathisierende Sozialwissenschaftler immer wieder darauf hin, daß die direkte und unmittelbare Beteiligung der Arbeitenden an den Entscheidungsprozessen nötig wäre und daß allgemeine Mitsprache und abstrakte Rechte nicht ausreichten. Unverständnis und das Gefühl der Machtlosigkeit können nur auf der untersten Ebene, im Arbeitsalltag, beseitigt werden. Die nationale Ideologie und der gemeinsame Besitz der Produktionsmittel sind für den einzelnen und seine Arbeitssituation nur von sekundärer Bedeutung – das zeigt die zugängliche Literatur aus ehemaligen Ländern wie der UdSSR, der DDR und Jugoslawien. Zusammengefaßt: Selbst im Sozialismus waren Betriebe immer noch so organisiert, daß Arbeiter sich entfremdet und machtlos fühlten.

Zumindest oberflächlich gesehen scheinen die meisten Arbeitenden im Westen mit ihrer Arbeit zufrieden zu sein – das ist ein Ergebnis vieler Umfragen und Meinungsstudien. Auf der »Verhaltensebene« dagegen gibt es Hinweise auf extreme Unzufriedenheit: Absentismus, Sabotage, Alkoholismus am Arbeitsplatz und so weiter.

Dieser Widerspruch in der Arbeitsliteratur ist ganz deutlich. Ungefähr 75 Prozent aller Befragten in einer englischen Studie geben an, mit ihrer Arbeit zufrieden zu sein. Ähnliche Ergebnisse erreichte eine Befragung bei 6500 Fiat-Arbeitern in Italien, die im Auftrag der KPI durchgeführt wurde. Aber das liegt zum großen Teil daran, daß »Arbeitszufriedenheit« jeweils nicht genau definiert ist, daß die Maßstäbe nicht angegeben werden, an denen die Befragten ihre Zufriedenheit messen, und so weiter. Auf der anderen Seite glaube ich aber auch, daß die pauschale Annahme, alle Arbeitenden müßten »prinzipiell« unzufrieden und entfremdet sein, auch nicht stimmt. Das ist eine überzogene Position.

Wenn also schon genaue Auskünfte aus methodischen Gründen nicht zu bekommen sind, dann stellt sich die Frage nach der Parteilichkeit der Sozial- und Arbeitspsychologen. Ihnen, Frau Jahoda, hat man immer zugute gehalten, daß Sie Partei ergriffen haben für Benachteiligte und Unterdrückte, was eine Liste Ihrer Forschungsarbeiten beziehungsweise ihrer »Zielgruppen« beweist: Arbeitslose, Emigranten, Randgruppen.

Sozialpsychologie kann nur ernst genommen werden, wenn sie um politische Probleme keinen Bogen macht. Die eigene politische Einstellung kommt zum Ausdruck in den Themen und Gebieten, die man als Forschungsgegenstand wählt – und in den Konsequenzen, die aus den jeweiligen Erkenntnissen gezogen werden. Dennoch müssen die Untersuchungen methodisch so unanfechtbar sein, daß auch ein reaktionärer Forscher nicht zu einem anderen Ergebnis kommen kann, wenn er dieselben Methoden anwendet.

Paul Lazarsfeld hat sich in einem Vorwort zu einer Neuauflage von »Die Arbeitslosen von Marienthal« von den damaligen Forschungsmethoden distanziert, die Ihr Team angewandt hatte. Sie seien heute nicht mehr »modern«, meinte er. Ich finde, daß sie doch modern sind, zum Beispiel haben Sie damals schon »nicht-reaktive« Verfahren angewendet, die erst neuerdings als Ansatz wiederentdeckt wurden. So haben Sie beispielsweise die Geh-Geschwindigkeit von Arbeitslosen mit der Stoppuhr gemessen und mit der von Arbeitenden verglichen.

Paul Lazarsfeld hat ungeheuer viel für die Sozialwissenschaften geleistet, und ich will seine Arbeit gewiß nicht unterschätzen. Aber in seiner Beurteilung von »Marienthal« stimme ich nicht mit ihm überein. Vor allem deshalb, weil »Marienthal« eine wichtige Studie über die Zeit hinaus geworden ist – nicht so sehr aufgrund der Methoden, die damals teilweise neu waren, sondern vor allem aufgrund des Inhalts. Es ist eine Arbeit, die sich wirklich mit dem dominierenden sozialen Problem der Zeit beschäftigt. Darin liegt die eigentliche Bedeutung, darin liegt der Vorbildcharakter von »Marienthal«.

Aber noch eine Bemerkung zum Methodenproblem: Man muß in die Tiefe gehen, nicht an der Oberfläche steckenbleiben. Es gibt da die Studie eines Schweden, der als Arbeiter in eine Fabrik gegangen ist, um dort ein Jahr lang zu beobachten und Gespräche mit den Arbeitern zu führen. Einer der Arbeiter hat drei Stunden lang geschimpft über die unerträglichen Bedingungen und die fürchterliche Arbeit. Nach drei Stunden sagte er aber, daß er das Wichtigste noch nicht mitgeteilt hätte: daß er nämlich gar nichts anderes arbeiten wolle, daß er seinen Arbeitsplatz gar nicht tauschen würde, sondern gerne bei genau dem bleiben wolle, was er im Augenblick mache. Wenn nur das Management verstehen würde, die Arbeiter wie mündige Menschen zu behandeln – dann wäre er mit seiner Situation hoch zufrieden.

Eine andere kleine Begebenheit, die ein Licht auf sozialwissenschaftliche Methoden wirft: Eine Fabrikarbeiterin hat mir einmal erzählt, daß zu ihr Psychologen gekommen seien und sie – unter anderem – gefragt hätten, ob sie bei der Arbeit tagträumen würde. Sie wußte nicht, was sie darauf antworten sollte, und die Psychologen haben weitergebohrt: Denken Sie nicht ab und zu daran, wie schön es wäre, eine weite Reise zu machen? Und so weiter. Die Arbeiterin hatte bis zu diesem Zeitpunkt keine derartigen Tagträume. Aber, so sagte sie mir, seit sie mit den Psychologen gesprochen habe, denke sie immer an schöne weite Reisen …

Die bloße Anwesenheit von Psychologen oder Arbeitswissenschaftlern in einer Firma soll ja schon positiv auf Arbeitsklima und Produktivität wirken – der sogenannte Hawthorne-Effekt.

Ich glaube sogar, daß dieser Effekt unterschätzt wird. Die arbeitenden Menschen fühlen, daß ein wirkliches Interesse an ihrer Situation besteht, und reagieren positiv darauf. Man hat immer wieder versucht, diesen Hawthorne-Effekt auszuschalten als methodischen Störfaktor. Am liebsten würde ich dafür sorgen, daß man diesen Effekt nicht auszuschalten versucht, sondern darauf ausgeht, ihn tausendfach zu produzieren. Mit anderen Worten: Die Menschen wissen lassen, daß man an ihnen als Mensch und an ihren Problemen interessiert ist.

»Interesse« zeigt man auch gegenüber den Arbeitslosen – in der Bundesrepublik wird beispielsweise eine Art Therapieprogramm erprobt, in dem Arbeitslose lernen, sich besser auf dem Arbeitsmarkt zu verkaufen. Natürlich soll auch die psychische Situation verbessert werden, aber das Hauptziel ist doch, Fähigkeiten für den Kampf um einen neuen Arbeitsplatz zu entwickeln.

Was die Arbeitslosen wirklich brauchen, ist Arbeit, nicht Beratung oder Therapie. Aber pauschal verurteilen oder abwerten möchte ich diese Hilfe für Arbeitslose nicht – in einzelnen Fällen ist sie sicher sehr sinnvoll. Ich lese gelegentlich in englischen Zeitungen über Selbstmord von Arbeitslosen, von steigendem Alkoholismus – wenn man im Einzelfall helfen kann, ist das eine gute Sache. Aber man darf diese Hilfe nicht als die Hauptsache ansehen. Arbeitslose haben alles Recht der Welt, über ihre Lage unglücklich zu sein, und sie sozusagen nur aufzumuntern oder zu »stabilisieren«, das reicht nicht.

Einige Arbeitslose organisieren sich aber auch in Selbsthilfegruppen und versuchen, von staatlicher Hilfe unabhängig zu werden. Im Ruhrgebiet gibt es solche Initiativen, und Sie selbst haben ja vor vielen Jahren in Wales ein Selbsthilfe-Programm von Arbeitslosen wissenschaftlich begleitet.

Das war ein sehr interessanter Versuch, der allerdings gescheitert ist. Obwohl die Geldgeber für dieses Projekt englische Quäker waren, sollten ursozialistische Ideen verwirklicht werden. Die Arbeitslosen sollten für sich selbst ein Produktionsnetz aufbauen, sich selbst mit Waren und Dienstleistungen versorgen. Es wurde gearbeitet und produziert für den eigenen Gebrauch, nicht für Profit. Die täglichen Bedürfnisse sollten in einer Art Subsistenzwirtschaft befriedigt werden. Gescheitert ist dieser Versuch schließlich, weil meiner Meinung nach ein Konflikt zwischen der guten Idee und den jahrzehntelangen Erfahrungen der arbeitslosen Bergarbeiter bestand. In diesem isolierten Experiment konnten sie nicht einfach »umschalten«, ihre Denkweisen und Erfahrungen vergessen und zu reinen Sozialisten werden. Sie haben wohl im Grunde auch kein Vertrauen in dieses Projekt gehabt. Das heißt für mich aber nicht, daß solche oder ähnliche Projekte zugrunde gehen müssen. Es gibt immer wieder neue Experimente, zum Beispiel Kooperativen hier in England, die offenbar funktionieren, weil sie realistischer sind und die Menschen nicht von ihrer industriellen Umwelt isolieren.

Sie haben vorhin die Erlebnisse genannt, die Arbeit dem Menschen vermittelt. Diese Erlebnisse werden offenbar gar nicht vermißt von Menschen, die ganz bewußt aus der Arbeitswelt aussteigen und eine Lebensform jenseits der um die Arbeit herum organisierten Welt suchen. Geht das alte Arbeitsethos in den westlichen Industrieländern seinem Ende entgegen?

Das alte protestantische Arbeitsethos, das Max Weber beschrieben hat, macht mir viele Probleme. Ich kann einfach nicht glauben, daß unter den brutalen Bedingungen des 19. Jahrhunderts irgend jemand wirklich geglaubt hat, daß Arbeit eine Tugend ist – von ein paar Theoretikern abgesehen. Das war eine Ideologie, die höchstens für die Unternehmer zuge-

MARIE JAHODA

Marie Jahoda wurde 1907 in Wien geboren. Psychoanalyse, Austromarxismus, Logischer Positivismus – das sind nur einige Strömungen und Schulen, die junge Wissenschaftler in Wien vor dem »Anschluß« beeinflußten. Marie Jahoda sah im Austromarxismus nicht nur einen Weg zu einem demokratischen Sozialismus, sondern »eine das ganze Leben umfassende Aktivität«. Fortschrittliche Wohnarchitektur und Arbeitersymphoniekonzerte, Sexualerziehung, Schulreform und Kinderkolonien – die Hoffnung auf eine bessere Zukunft beflügelte damals Hunderttausende und zog vor allem Sozialwissenschaftler an, die in der Verbindung von Forschung und politischer Aktion vieles von dem vorwegnahmen, was heute unter dem Begriff »Aktionsforschung« rekonstruiert wird.

Marie Jahoda begann als »soziale Buchhalterin«, die zunächst versuchte, die Lebensbedingungen der Menschen mit statistischen Methoden zu erfassen und zu dokumentieren. Das methodische Denken und die ausgefeilte Forschungsmethodik, die aus der »sozialen Buchhalterin« eine Sozialwissenschaftlerin machten, vermittelten ihr vor allem Paul Lazarsfeld und Otto Neurath. Zusammen mit Lazarsfeld und Hans Zeisel gelang Marie Jahoda schon zu Beginn ihrer Karriere eine der wichtigsten Veröffentlichungen in den Sozialwissenschaften: »Die Arbeitslosen von Marienthal« ist heute ein Klassiker der soziographischen Literatur. 1933 veröffentlicht, fiel die erste Auflage kurz darauf den Nazi-Bücherverbrennungen zum Opfer. (Erst 1960 erschien eine zweite deutsche Auflage.) Die Idee zu dieser Studie, die trotz ihrer kurzen Wirkungsgeschichte zwischen Veröffentlichung und Verbrennung wegweisend wurde, stammte vom Parteivorsitzenden der österreichischen Sozialdemokraten, Otto Bauer.

Marie Jahoda hat während des Schuschnigg-Regimes kurze Zeit aus politischen Gründen im Gefängnis gesessen. Daraufhin emigrierte sie in die USA, wo sie vor allem über Vorurteile und Rassismus forschte. In der McCarthy-Ära untersuchte sie die »freiwillige Selbstzensur« vieler Intellektueller. Andere Themen ihrer Arbeit waren die Frau am Arbeitsplatz, die Definition von psychischer Gesundheit *(Positive Mental Health),* Antisemitismus und vor allem die Prognose sozialer Entwicklungen. Später ging sie nach England, wo sie an der *Sussex University* lehrte.

troffen hat, die durch technische Neuerungen wirtschaftlichen Fortschritt erreicht haben. Ich glaube vielmehr, daß gerade damals Arbeit als etwas Furchtbares und kaum Erträgliches gesehen wurde. Ich bezweifle also, ob es jemals ein Arbeitsethos in dem Maße gegeben hat, wie das heute oft behauptet wird. Aber zu den Aussteigern: Es gab zu Zeiten der Studentenbewegung unter anderem die Forderung »Recht auf Arbeitslosigkeit«. Und einige haben sich dieses Recht ja auch genommen und sich in Kommunen oder anderen Gruppen organisiert, die weitgehend ohne Arbeit im herkömmlichen Sinne leben. Die durchschnittliche Lebensdauer solcher Gruppen beträgt aber nur zweieinhalb Jahre – und da komme ich doch wieder auf die Funktionen der Arbeit zurück. Ich glaube, daß der freiwillige Ausstieg aus der Arbeitsgesellschaft sich auf Dauer noch nicht durchhalten läßt. Vielleicht ist aber doch durch solche Modelle auf lange Sicht eine alternative Lebensweise erreichbar, eine Abwendung vom Konsumdenken und vom Materialismus.

Ich will noch eine Gruppe nennen, die von organisierter Arbeit ausgeschlossen ist – allerdings unfreiwillig: die Hausfrauen und Mütter. Ihre Arbeit wird bei den meisten Definitionen von Arbeit vergessen oder vernachlässigt. Bezieht sich Ihre Kategorisierung der Arbeitserlebnisse nicht auch auf diese Arbeit, und sollte Hausarbeit oder »reproduktive Arbeit« nicht aufgewertet werden?

Sie meinen die Vorstöße in Richtung »Hausfrauengehalt«? Ich halte das nicht für vernünftig. Viel wichtiger wäre es, die Männer dazu zu bringen, sich an der Hausarbeit zu beteiligen, damit die Frauen nicht ausschließlich damit beschäftigt sind. Zum anderen Teil Ihrer Frage: Die Probleme der Hausarbeit sind nur finanziell, also durch finanzielle Anerkennung, nicht zu lösen. Entsprechend den genannten Funktionen der Arbeit glaube ich, daß das Grundproblem dieser Hausarbeit ist, daß die Hausfrau aus einer größeren Gemeinschaft ausgeschlossen bleibt. Ich bin überzeugt davon, daß das Bedürfnis nach Mitbeteiligung am Leben von größeren sozialen Einheiten jenseits der eigenen Familie bei den meisten Frauen sehr stark ist.

(Mit Marie Jahoda sprach Heiko Ernst)

MICHAEL LUKAS MOELLER

»Wirkliche Liebe akzentuiert das Anderssein«

Warum gelingen unsere Partnerbeziehungen immer weniger? Warum leben die meisten Paare nebeneinander, aber nicht miteinander? Der Paartherapeut Michael Lukas Moeller hat die Ursachen der zunehmenden Beziehungsschwäche in unserer Gesellschaft untersucht. Er erklärt, wie es zu der großen »Einsamkeit zu zweit« kommt, die immer mehr Paare sprachlos und beziehungsarm macht.

Herr Professor Moeller, Sie haben eine Krise der Paarbeziehung diagnostiziert, eine Krise der zwischenmenschlichen Beziehungen: Es scheine so, als ob wir in eine sprachlose und beziehungsarme Gesellschaft gleiten. Bei dieser Einschätzung stützen Sie sich auf bevölkerungswissenschaftliche Statistiken und auf therapeutische Erfahrungen. In Ihrem Buch »Die Wahrheit beginnt zu zweit« zitieren Sie eine dieser Statistiken, die schlaglichtartig das Problem illustriert – nur noch vier Minuten am Tag durchschnittlich reden Paare in den USA miteinander, in Japan sind es zehn Minuten, in der Bundesrepublik sei es wohl nicht günstiger …

… weil wir als Nation überhaupt schlecht abschneiden. In der »Internationalen Wertstudie« wurde herausgefunden, daß Deutschland gegenüber anderen westeuropäischen Ländern sowie den USA ausgesprochen »beziehungsschwach« ist, das heißt, daß die Beziehungen zwischen Frau und Mann, aber auch zwischen Eltern und Kindern deutlich reduzierter und ärmer sind.

Worin sehen Sie die Ursachen für diese Beziehungsschwäche?

Zunächst gibt es primäre gesamtgesellschaftliche Ursachen. Sie werden zu psychologischen Ursachen, weil wir die gesellschaftlichen Verhältnisse in der frühkindlichen Entwicklung verinnerlichen. Als eine gesellschaftliche Hauptursache sehe ich die dramatische Umstrukturierung der Arbeitswelt in den letzten Jahrzehnten. Daraus folgt als wesentliches Moment die Umstrukturierung der Freizeit.

Ich will verdeutlichen, wie sich das auf die Paare auswirkt, die zu mir in die Praxis kommen: Ich frage beispielsweise, wann sie zum letzenmal Gelegenheit gehabt hätten, sich einander mitzuteilen, was sie wirklich bewegt. Die meisten fangen daraufhin fast verlegen an nachzudenken und können sich an ein Gespräch dieser Art gar nicht erinnern. Nach einer Weile antworten sie etwa so: »Ja, vielleicht im letzten Urlaub?« Wenn sich Paare überlegen, wieviel Zeit ihnen innerhalb einer Woche füreinander bleibt, dann wundern sie sich oft, daß sie überhaupt noch miteinander gesprochen haben. Zwar gibt es in der gesellschaftlichen Gruppe, die besonders oft in die Paartherapie kommt, viele Workaholics, und viele haben ihr Leben und ihre Beziehungen auf den Beruf hin ausgerichtet. Aber auch bei anderen Paaren ist die reine Arbeits- und Organisationsbelastung im Alltag so, daß kaum noch Zeit zu einem Gespräch bleibt.

Auch nicht in der Freizeit? Wir stehen doch angeblich an der Schwelle zur Freizeitgesellschaft.

Das stimmt. Aber der durchschnittliche Deutsche verbringt pro Tag fünf Stunden mit dem Konsum von Massenmedien. Die Zahl stammt aus dem Jahre 1987: zweieinhalb Stunden Radio, eine halbe Stunde Zeitunglesen, zwei Stunden Fernsehen pro Person. Dazu eben die acht Stunden Arbeitszeit, das sind bereits 13 Stunden, ohne Hin- und Rückfahrt zum Arbeitsplatz – und dann bleibt nicht mehr viel … Aber davon abgesehen ist die Freizeit sehr aufgabenorientiert geworden und damit eine Art leistungsbezogene Arbeit.

Wenn wir einmal von den nackten Zahlen absehen und das Problem tiefer analysieren, ist zunächst festzustellen, daß heute Selbstwert und Anerkennung hauptsächlich über die berufliche Leistung gewonnen werden, diese stiehlt aber gleichzeitig »das wirkliche Leben« – wie Mitglieder von Paarselbsterfahrungsgruppen es formulieren. Werte, die ich für geradezu lebenswichtig halte, kommen dabei zu kurz. Ich meine damit – auch wenn es vielleicht heute fast kitschig klingt – das, was die Lebendigkeit eines Menschen ausmacht, sein Spielen, Träumen, Zu-sich-selbst-Kommen. Die meisten Menschen haben darüber hinaus Angst, sich frei treiben zu lassen, sie haben zu große Angst vor sich selbst. Deshalb sitzen Männer immer öfter stundenlang an ihrem Computer. Paare stürzen sich in hektische Freizeitaktivitäten.

Nun ist aber doch eine Generation herangewachsen, für die das Reden über Beziehungsprobleme geradezu Pflicht geworden ist, die sich aus Psychoanalyse, Psychologie und Soziologie einen Beziehungsjargon gebastelt hat, der Stoff für Kabarettisten, oft aber auch Realsatire ist …

Diese Art des Sprechens, des »verbalen Agierens« und Intellektualisierens hat nichts mit dem Zwiegespräch zu tun, das ich meine. Die sogenannten »Beziehungskisten« und der dazugehörige Jargon sind deswegen so frustrierend und oberflächlich, weil ständig versucht wird, *dem anderen klarzumachen,* wie *er* eigentlich fühlt und wie *er* sein müßte. In den Zwiegesprächen, wie ich sie als Gegenmodell zur schleichenden Sprachlosigkeit entworfen habe, geht es vor allem darum, dem anderen zu zeigen, wie *ich* eigentlich fühle. Im Beziehungsjargon finden eher Zwiespaltgespräche statt, in denen psychologisiert und intellektualisiert wird.

Aber ich muß das Problem der Beziehungslosigkeit doch weiter ausholend darstellen, indem ich auf die psychologischen Ursachen eingehe, also auf die komplexe Verinnerlichung der veränderten gesellschaftlichen Verhältnisse. Wir registrieren einen fundamentalen Wandel in der Erscheinungsform seelischer Störungen – den Übergang von neurotischen Störungen zu den narzißtischen. Dieser Wandel setzte verstärkt nach dem Zweiten Weltkrieg ein, betrifft also vor allem die Nachkriegsgeneration.

Worauf führen Sie diesen Wandel in den psychischen Krankheitsbildern zurück?

Hauptsächlich auf tiefreichende Änderungen der frühen seelischen Entwicklungsbedingungen, Veränderungen, die ich unter dem Stichwort »Männermatriarchat«, im Nachwort zu Barbara Francks »Mutter und Söhne«, zusammengefaßt habe. Darunter verstehe ich eine »zweiteilige« Entwicklung, die sich in unserer von Alexander Mitscherlich beschriebenen »vaterlosen Gesellschaft« vollzogen hat. Der erste Teil ist bekannt: Der Vater, das Väterliche verschwindet aus dem Familienleben, ein Phänomen, das mit Beginn der Industrialisierung, also Anfang des 19. Jahrhunderts dramatisch einsetzte. Diese Entwicklung – Aufspaltung von Arbeit und Familienleben – ist immer weiter fortgeschritten, so daß heute beispielsweise folgender Befund zu ermitteln ist: Ein durchschnittlicher Vater der amerikanischen Mittelschicht ist pro Tag mit seinem einjährigen Kind noch 37,2 Sekunden zusammen, das sind ein bis zwei Interaktionen. Faktisch ist er damit so gut wie verschwunden.

Diese Entwicklung findet in allen Industrienationen statt.

Sie wird sich unter dem Konkurrenzdruck der Hochleistungsgesellschaften eher noch verschärfen als abschwächen.

Aber inzwischen gibt es doch geradezu einen »Vater-Boom«, eine Vater-Literatur, eine »Wiederentdeckung der Väter«.

Ich glaube, daß diese Neuentdeckung des Vaters bis jetzt eher als Alibi funktioniert. Die Untersuchung im Auftrag des Bundesministeriums, »Geschlechtsrollen im Wandel«, belegt das. Die Rolle des Vaters wird zwar neu entdeckt, diese Entdeckung betrifft aber nur eine ganz schmale aufgeklärte Schicht. Für das Gros der arbeitenden Menschen bleibt es bei den beschriebenen Verhältnissen. Das ist ja oft in der Geschichte der Fall: Sobald etwas verschwindet, wird es mit großer Wärme »wiederentdeckt«. So schwindet beispielsweise in unseren Jahrzehnten die Familie immer mehr dahin, gleichzeitig aber hat die Familientherapie Konjunktur.

Natürlich wird die emotionale Rolle des Vaters heute neu entdeckt und beschrieben, völlig zu Recht, nur ist sie im eigentlichen Sinne nur selten existent. Man entdeckt sie auf dem Hintergrund des Mangels. Bei uns in Deutschland ist die Situation eher noch verschärft – in den Kriegsjahren hatten wir schon das »Soldatenmatriarchat«. Tatsache ist heute: Der Vater ist aus der Familie verschwunden, doch haben wir bisher die dramatischen Veränderungen übersehen, die dies in der nächsten und übernächsten Generation hervorruft. Das ist sozusagen der zweite Teil des Männermatriarchats.

Was bedeutet denn nun dieses Verschwinden des Vaters psychodynamisch, familiendynamisch? Wie hängt das »Männermatriarchat« mit dem Wandel der psychischen Krankheitsbilder zusammen?

In der Familie entsteht – gegen den Willen der Mutter – ein Miniatur-Matriarchat. Die vielfach belastete und meist überlastete Mutter, die dazu oft noch halbtags oder ganztags berufstätig ist, kann kaum noch zu sich selbst kommen. Die Kinder haben in ihr aber die einzige Identifikationsfigur. Die Verinnerlichung von prägenden Einstellungen erfolgt im wesentlichen über die Beziehung zur Mutter – wobei nicht nur die Töchter, sondern vor allem auch die Söhne in den frühen Jahren buchstäblich »durchmuttert« werden. Das mag vielleicht etwas überzeichnet klingen, aber wir finden Hinweise auf diese Lage in vielen Erscheinungen. Beispielsweise in der »neuen Zärtlichkeit« der Männer. Das ist für mich weniger die Besinnung auf bisher ungelebte Seiten in der Psyche des Mannes, sondern vielmehr die Verinnerlichung der Mutter, genauer besehen der belasteten Mutter.

Es handelt sich also nicht um die oft beschworene Androgynität der Psyche und des Verhaltens, also um das Ausleben von durchaus wünschenswerten »weiblichen« Zügen?

Nur zum Teil, meine ich. Die im »Männermatriarchat« aufwachsende Jugend verinnerlicht das Erleben der Mutter und damit nicht nur die Wirklichkeit der Frau, sondern auch deren Überlastung und Enttäuschung. Die Mutter-Kind-Beziehung ist in den entscheidenden ersten drei Lebensjahren des Kindes extrem belastet. Das Kind kann sich nur schwer aus der frühen Mutter-Kind-Symbiose herauslösen. Hier liegt das Ursprungsgebiet der narzißtischen Störungen. Sie können als ich-strukturelle Störungen betrachtet werden. Sie äußern sich beispielsweise in Suchtverhalten, in psychosomatischen Erkrankungen, in Kriminalität, Delinquenz und Suizidalität. Dazu kommen die Borderline-Zustände und die Psychosen. Man muß dabei berücksichtigen, daß die narzißtischen Störungen im engeren Sinne heute fast die ideale »Paßform« für unsere Hochleistungsgesellschaft sind, denn die Betroffenen funktionieren ja so reibungslos, eben weil sie sich innerlich leer fühlen. Insgesamt steigt die Zahl der ich-strukturellen Störungen erheblich. Die Entstehungszeit dieser Störungen umfaßt die ersten drei Entwicklungsjahre, in denen sich die skizzierten Veränderungen der Familienstrukturen am empfindlichsten auswirken.

Die physische und emotionale Abwesenheit des Vaters ist dementsprechend zusammen mit der Persönlichkeitsstruktur der Mutter ein weiterer Hauptgrund für die Ich-Störungen?

Die Mutter vermittelt sie, der Vater bedingt sie: Es fehlt mit ihm der »helfende Dritte« der Katalysator, der aus der Symbiose von Mutter und Kind eine differenzierte Beziehung heranreifen läßt.

Es gibt darüber hinaus weitere Veränderungen der Familienstruktur, etwa die zur Ein-Kind-Familie. Kinder wachsen heute kaum noch mit Geschwistern auf. Noch um 1815 hatte die Durchschnittsfamilie fünf Kinder, heute hat ein Paar durchschnittlich 1,3 Kinder. Auch Großeltern, Tanten und Onkel: die größere Familie ist kaum noch existent. Wir können nicht einmal mehr von einer Kleinfamilie oder Kleinstfamilie sprechen, im Grunde sind wir angelangt bei einer *Mutter-Einzelkind-Union mit einem Trabantenvater.* Das ist vielleicht eine etwas überspitzte Formulierung, aber sie gibt doch die Richtung an.

Können Sie die psychischen Konsequenzen dieser Entwicklung für die Paarbeziehung verdeutlichen?

Es wird für den einzelnen immer schwerer, sich aus dieser Mutterbeziehung zu lösen und in angemessener Weise eine innere Autonomie zu entwickeln. Wir bringen diese ungelösten Probleme der frühen Kindheit als Mitgift in das Paarleben hinein. Da dies von beiden Seiten geschieht, ist die Paarbeziehung allein deswegen in einer spezifischen Weise überlastet. Sie hat heute im wesentlichen personale Funktionen zu erfüllen, wie es René König genannt hat. Das heißt, sie bietet emotionale Geborgenheit und ermöglicht die Identitätsbildung. Niklas Luhmann drückt es so aus: Die Selbstdarstellung kann in der Paarbeziehung validiert, also geprüft und getestet werden. Das mag jetzt etwas abstrakt klingen, aber es trifft die Sache sehr genau: Der Partner wird benötigt, um sich selbst zu erkennen, um überhaupt zu erfahren, wer man/frau ist. Das ist eine Art nachholende Sozialisation. In ihr soll der Verlust von vielfältigen Beziehungen in der Kindheit kompensiert werden. Durch Vaterlosigkeit und Geschwisterlosigkeit entsteht eine beziehungsarme Kindheit. Da aber unsere Seele nicht viel anderes ist als die Summe der erlebten Beziehungen, die wir verinnerlichten, wird die familiäre Beziehungsarmut auch zu unserer seelischen Armut. Diese schleichende Verarmung bemerken wir kaum, weil wir ja keine Vergleichsmöglichkeiten haben. Nur gelegentlich bemerken wir es, wenn wir in ferne Länder fahren, in denen Kinderreichtum noch üblich ist und Menschen offensichtlich viel beziehungsreicher, kontaktfreu-

Sechs Thesen zur Belastung heutiger Zweierbeziehungen

1. Der in den Industrienationen fast absolute *Vorrang des zielorientierten Leistens* und oft genug entfremdeten Arbeitens vor dem Leben – nicht nur ein Berufs-, sondern inzwischen oft ein Freizeitzwang – entzieht der Beziehung den Boden.
2. Die immer schneller aufeinanderfolgenden technologischen Innovationen führen zu einer immer rascheren Veränderung des Alltags und des Lebens. Diese *»psychosoziale Beschleunigung«* erfordert vom Paar eine hohe Leistungsfähigkeit, um lebensverändernde Ereignisse wie die gewachsenen Ansprüche an örtliche, berufliche und zeitliche Mobilität mit wiederholtem Zerreißen bestehender Beziehungsnetze oder die hohen Erwartungen an den Rollenwandel von Frau und Mann seelisch zu bewältigen. Dafür fehlt bisher jede Möglichkeit – außer dem Fluchtweg in ein glattes Nebeneinander.
3. Das Aufkommen der *intimen Zweierbeziehung* ist ein Produkt der Industrialisierung seit Beginn des 19. Jahrhunderts. Sie schafft die »Einsamkeit zu zweit« und fördert so die tiefen, im Zeitalter der narzißtischen Störungen prekärer gewordenen, wechselseitigen Mutterübertragungen.
4. Die immer *unzulänglicher werdende Lebensgeschichte beider Partner* macht mehr oder weniger ausgeprägte narzißtische Schäden zur doppelten Mitgift jedes Paares. Unsere seelische Struktur, unser Ich, leidet vor allem am Dahinschwinden vielfältiger Beziehungen in den ersten drei Lebensjahren: durch die Überlastung der Mutter und den Mangel an Geschwistern in einer vaterlosen Gesellschaft. Das Paar wird unbewußt längst als therapeutische Institution erhofft, ist aber für diese Aufgabe denkbar schlecht vorbereitet.
5. Die unvermeidlichen, üblichen Krisen der Paarentwicklung – wie die Anfangsphase der Paarbildung, die Erfül-

lung der Lebensaufgaben in Beruf und Familie und die Altersphase – werden auf diesem Hintergrund zu kaum überwindbaren Hürden.

6. Das Paar hat in dieser beziehungsbehindernden Gesellschaft *kein konkretes, realisierbares Vorbild,* um konfliktfähig, liebesfähig und trennungsfähig zu werden. Wir brauchen erstens eine Beziehungsform, in der wir uns besser entwickeln können, in der wir insbesondere unsere Defekte und Konflikte wahrzunehmen und zu lösen in der Lage sind, und wir brauchen zweitens das Vorbild einer umfassenden, möglichst ganzheitlichen erotischen Erfahrung.

diger und vielleicht auch wärmer sind. Umgekehrt skizzieren Ausländer die Deutschen oft als kühl und beziehungsarm.

Aber trotzdem gibt es immer noch eine Glückserwartung, ein starkes Bedürfnis nach Bindung, Liebe, Erfüllung.

Allerdings vor dem Hintergrund des Mangels. Wir haben das Glück wenigstens spurenweise noch erlebt, wir haben es noch nicht ganz verloren. Die Sehnsucht nach Beziehung, nach emotionaler Wärme, die Sehnsucht nach Geborgenheit, aber auch nach Emanzipation und Individuation, nach Eigenständigkeit – das alles sind Symptome, die aus der frühen Kindheit stammen. Unsere Bedürfnisse werden heute übrigens vielfach abgesättigt durch die »elektronische Mutterbrust«, das Fernsehen. Das beschränkt sich nicht nur auf Erwachsene. So gibt es beispielsweise in Belgien bereits Fernsehprogramme für Zweijährige. Diese Tendenz ist überall feststellbar. In dieser Hinsicht bin ich gar nicht optimistisch.

Also sind die psychologischen Wurzeln der zunehmenden Sprachlosigkeit und Beziehungsarmut in der frühen Kindheit zu suchen …

Ja, in einer zunehmenden Brüchigkeit und Irritation in der frühen Kindheit, wobei ich nicht notwendig immer von Störung sprechen will. Ich möchte nicht zur Klinifizierung des Alltags beitragen. Doch ist zu betonen, daß die Mütter keineswegs schuldig an dieser Entwicklung sind, sie sind überlastet. Die enttäuschte Mutter ist die Mutter der Enttäuschung. Sie muß ihre eigenen Enttäuschungen weitergeben, weil sie selbst das Opfer in einem Geflecht von Bedingungen ist, die sie überfordern.

Zusammengefaßt: Das »Männermatriarchat« entfernt einerseits den Vater aus der Familie, andererseits führt es mittels der Macht der ohnmächtigen Mütter zu einer »Durchmutterung« der Männer, die dann später in Politik und Wirtschaft an den Schaltstellen sitzen und dort wiederum die Bedingungen für das häusliche Matriarchat schaffen. Sie verbreiten eine enttäuscht-mütterliche Welt.

Aber diese Welt wird dann oft durch die Gegensatzbildung des technisch-sachlichen Funktionalismus weggeschoben, verdrängt. Das wiederum äußert sich etwa in selbstgesetztem Leistungsdruck und Konkurrenzdenken, das inzwischen bereits im Vorschulalter beginnt. Die Seele wird auf doppelte Weise, nämlich durch den Zwang der Gesellschaft und den Zwang der persönlichen Abwehr, in das Korsett der Leistungsideologie gezwungen. Über die Folgen wie Herzinfarkte und andere psychosomatische Krankheiten brauchen wir uns dann nicht zu wundern.

Und in der Paarbeziehung soll nun alles aufgefangen werden?

Es gibt eine große Sehnsucht nach erfüllenden Bindungen und Beziehungen, die man fast nur noch vom Hörensagen kennt. Das Beziehungsbedürfnis halte ich für das stärkste Bedürfnis des Menschen. Eben deswegen sollte der erste Beruf des Menschen seine Beziehung sein. Psychoanalytisch gesehen ist der sexuelle Trieb in seiner erotischen Qualität ein unmittelbares Bindungsbedürfnis. Die Bindung, die Beziehung wird ersehnt, vielleicht weil sie heute mehr denn je zum Scheitern verurteilt ist. Das Kreuz der heutigen Paare ist die wechselseitige Übertragung der sogenannten negativen Mutter, also der enttäuschten Mutter.

Die Idealvorstellung der bürgerlichen Ehe haben Sie in einem Ihrer Bücher mit dem Nietzsche-Zitat »Die Ehe ist vor allem ein langes Gespräch« umrissen. Dieses Gespräch scheint heute nicht mehr möglich zu sein, die Gründe dafür haben Sie geschildert. Die meisten Beziehungen und Ehen dümpeln so dahin, man hat sich offensichtlich an die Sprachlosigkeit gewöhnt. Und doch versuchen viele, sich gegen diese Entwicklung aufzulehnen, nicht zuletzt dadurch, daß sie Hilfe suchen und möglicherweise sogar in die Therapie kommen.

Es sind oft die Sensibleren, die unter dieser Entwicklung leiden, die aber in dieser Krise eine Chance sehen und einen Versuch machen wollen, ihre Beziehung zu leben. Viele überlassen sich aber dem Teufelskreis der Sprachlosigkeit, einem negativen Verstärkungskreis in der Beziehung, und gleiten in die Monotonie des glatten Nebeneinanders. Vielleicht hatten sie im frühen Stadium der Verliebtheit versucht, die Beziehung zu leben, nach krisenhaften Auseinandersetzungen aber dann resigniert und praktizieren faktisch eine Scheidung oder Trennung innerhalb der Beziehung, eine *»Beziehungslosigkeit in der Beziehung«.* Das scheint mir heute fast der Normalfall zu sein. Wie eine Wüste wächst diese Beziehungslosigkeit innerhalb der Partnerschaft.

Wie können sich Paare in der Therapie gegen diese Verwüstung ihrer Beziehung wehren?

In der Regel entdeckt ein Paar, das zu mir in die Praxis kommt, vielleicht ein Jahrzehnt schon zusammen war, in den ersten Gesprächen eine große Verbitterung und Enttäuschung. Enttäuschungszorn, Gereiztheit und alte Kränkungen, der ganze Wust an alltäglichen kleinen Frustrationen und Verletzungen, der sich angesammelt hat, kommt zum Vorschein. Es wird deutlich, daß im Alltag über diese kleinen Dinge nicht mehr geredet wird, weil es sich »doch nicht lohnt, sich über jeden scheinbar unbedeutenden Anlaß aufzuregen«. So entsteht eine gewisse Gefühllosigkeit für die eigenen Bedürfnisse, aber beide schleppen doch die Kränkungen und Verletzungen mit sich weiter. Die Bedürfnisse werden nicht mehr aufeinander abgestimmt. Und wenn sie nicht aufeinander abgestimmt sind, können sie auch nicht befriedigt und realisiert werden. Man bereitet sich so selbst jene Enttäuschung, die wiederum den Enttäuschungszorn mehrt. Das macht sich an banalen Kleinigkeiten fest, an der berühmten Zahnpastatube im Badezimmer, kann sich aber steigern, bis man auch die großen Dinge nicht mehr in den Griff bekommt und nach und nach bewußtlos wird im Hinblick auf die eigenen Bedürfnisse. Ein Austausch findet nicht statt, nichts wird geklärt und präzisiert, und schließlich weiß man gar nicht mehr, was für einen selbst ein wesentliches Bedürfnis ist. Dieses Geriesel von täglichen kleinen Gereiztheiten häuft sich über Jahre zu einem großen Zorn an. Ihn wagt man aber auch nicht auszudrücken, weil man sich ja sagt: Ich kann ja den Menschen, den ich liebe und mit dem ich zusammenleben will, nicht ständig mit meinem Ungehaltensein und Frust konfrontieren. Weil man latent zornig ist, hat man zudem auch keine Lust und kein Interesse, sich mit dem anderen auszutauschen, und meidet ihn. So entsteht ein negativer Selbstverstärkungskreis, ein Teufelskreis, der immer tiefer in die Sprachlosigkeit hineinführt.

Manche Paare glauben, daß die Sexualität eine Form der Kommunikation sei, die Reden ersetzen könne …

Ich sehe Sexualität und Erotik als ein Symbol oder ein Symptom für die gesamte Beziehung. Ich kann das nicht voneinander trennen. Vielmehr glaube ich, daß der Versuch, das Gespräch von der Sexualität abzuspalten, eine Art Verdrängung ist. An den Kommunikationsteufelskreis, der in die Sprachlosigkeit hineinführt, schließt sich meist ein anderer Teufelskreis, der erotische. Er beginnt damit, daß viele Paare sich mit Sexualität und Erotik eine Zeitlang aus der Kommunikationslosigkeit herausreißen können. Aber die Frustration kommt dann, wenn ich mich über meine Bedürfnisse mit dem Partner nicht abstimmen kann, wenn die Liebe stereotyp wird und zur Gewohnheit verkommt. Man einigt sich im Grunde auf den kleinsten gemeinsamen Nenner; doch Kreativität, Phantasie oder besondere Gelüste: der ganze Reichtum des Liebeslebens geht verloren. So entsteht auch auf diesem Gebiet eine Enttäuschung, die ebenfalls Verstimmung und Zorn nach sich zieht. Der erotische Teufelskreis und der sprachliche Teufelskreis sind eng miteinander verknüpft, und deshalb ist auch die Überzeugung, daß die Liebe letztendlich und geradezu zwangsläufig abstumpfen muß, so verbreitet.

Drei Jahre Feuer, 20 Jahre Asche …

Diese Abstumpfungs-Theorie ist einfach falsch. Sie ist ein Ausdruck von Resignation. Das Versiegen der Liebe im Laufe einer Zweierbeziehung ist hausgemacht. Wir müssen unsere Verantwortung dafür erkennen, um wirklich etwas ändern zu können.

Die meisten Beziehungen haben jedoch mit einer Phase der Verliebtheit begonnen, mit dem starken Wunsch nach Einswerden mit dem Partner. Und da dieser Wunsch ja nie wirklich auf Dauer erfüllt werden kann, könnte ein Großteil der Enttäuschung in dieser Phase entstehen.

Die Verliebtheit als notwendige Ursprungsphase einer Zweierbeziehung gibt gewissermaßen die Startenergie für eine reifere Entwicklung der Liebe. Das Problem ist nun im Zeitalter des Narzißmus, daß die Sehnsucht nach dem Verschmelzen und dem Einssein mit dem anderen so hoch ist, daß sie die allmähliche Abgrenzung vom anderen nicht erlaubt oder jede Abgrenzung und jeden Abgrenzungsversuch als Katastrophe empfinden läßt. Der, der sich in der Partnerschaft etwas abgrenzen möchte, hat dann riesige Schuldgefühle dem anderen gegenüber, und der andere wiederum sieht in diesem Versuch den Beweis dafür, daß er nicht mehr geliebt wird. Das Problem ist also eine Art Alles-oder-nichts-Situation, aus der sich die Paare herausentwickeln müssen zu einer wirklich tiefen Bindung zweier selbständiger, besser gesagt autonomer Menschen. Sie müssen sich aber auch dann voll bewußt bleiben, daß sie sich wechselseitig sehr tief beeinflussen und trotz ihrer vollen Eigenverantwortlichkeit in einer tiefen Abhängigkeit stehen. Auch diese Einsicht fehlt heute sehr oft. Dieses unbewußte Zusammenspiel, die Kollusion, wird heute auf eine geradezu gigantische Weise verleugnet. Denn wenn wir dieses unbewußte Zusammenspiel akzeptieren, dann müssen wir auch zu unserer Abhängigkeit vom anderen stehen. Wir müssen anerkennen, daß wir im Augenblick nur so fühlen, wie wir fühlen, solange der andere so fühlt, wie er gerade fühlt. Wir träumen als Paare sogar identisch, aber viele achten gar nicht darauf.

Die gemeinsamen Träume, die Träume derselben Nacht, kommen immer aus diesen unbewußten Beziehungen heraus und stellen sie in unterschiedlichem Gewande dar. Es gibt einen Witz, der das verdeutlicht: Ein Ehepaar schläft nachts im Ehebett. Plötzlich schreckt die Frau in einem Traum hoch und ruft: Achtung, mein Mann kommt! Daraufhin springt der Mann auf und versteckt sich im Kleiderschrank. – Dieser Witz ist deswegen so illustrativ, weil er zeigt, daß wir selbst dann noch in einer unbewußten Abhängigkeit vom anderen handeln, wenn wir uns in einen Dritten verlieben. Das heißt nichts anderes, als daß in dem Augenblick, wo meine Partnerin oder mein Partner sich in einen anderen verliebt, ich daran unbewußt mitbeteiligt bin. In diesen sauren Apfel muß ich beißen. Ich kann mich nicht moralisch abkoppeln und dem anderen Treulosigkeit vorwerfen. Die gemeinsame Aufgabe lautet: Wenn in dir etwas geschieht, bin ich unbewußt beteiligt. Und mein Mitwirken muß einen Sinn haben, muß einen Gewinn haben; eine »geheime Absicht«, wie Sigmund Freud es nannte, ist damit verbunden. Ein Hauptproblem für die meisten Paare heute ist die Ablösung voneinander, die Individuation. Möglicherweise erprobt der Partner mit seiner Treulosigkeit genau diese Ablösung.

Fremdgehen wäre also ein Versuch, Autonomie zu gewinnen, die einem der Partner versagt?

Genauer: die beide (noch) nicht anders leben können. Deshalb ist es so wichtig, in der Phase der Verliebtheit nicht nur im Einssein zu schwelgen, nicht nur wahrzunehmen: wir sind ja so glücklich, wir haben eine Wellenlänge, sondern zu erkennen: »Ich bin nicht du und weiß dich nicht.« Wirkliche Liebe akzentuiert das Anderssein. Das ist eine gesündere Einstellung als das Miteinander-auf-der-gleichen-Wellenlänge-liegen-Wollen. Diese Einstellung kommt als erfreulicher Aspekt des gemeinsamen Lebens sozusagen von selbst.

Das Paradoxe in dieser Situation ist dann, daß auch Trennungen nicht gelingen, sondern oft sehr quälend und schmerzhaft verlaufen, weil die beteiligten Individuen nicht wirklich autonom sind.

MICHAEL LUKAS MOELLER

Michael Lukas Moeller wurde 1937 in Hamburg geboren. Er hat Medizin und Philosophie studiert und sich als ausgebildeter Psychoanalytiker für das Fach Psychosomatische Medizin und Psychotherapie habilitiert.

1983 übernahm er den Lehrstuhl für Medizinische Psychologie an der Universität Frankfurt/Main, nachdem er vorher in Gießen eine Professur für Seelische Gesundheit innehatte. Michael Lukas Moeller hat in den 70er Jahren die aufkeimende Selbsthilfebewegung in der Bundesrepublik maßgeblich beeinflußt und vorangetrieben – sowohl wissenschaftlich als auch publizistisch.

Sein Buch »Selbsthilfegruppen. Selbstbehandlung und Selbsterkenntnis in eigenverantwortlichen Kleingruppen« (1978) faßt die wichtigsten Ideen dieser Bewegung zusammen. 1988 erschien dann der Titel »Die Wahrheit beginnt zu zweit. Das Paar im Gespräch«.

Auch dieses Problem hat seine Wurzeln meist in der frühen Kindheit, weil die ursprüngliche Symbiose mit der Mutter nicht genügend aufgelöst wurde. In den verschiedenen Stadien der frühkindlichen Entwicklung gibt es die Phase der sogenannten Objektkonstanz, also die Zeit nach dem ersten Vierteljahr bis zum Ende des dritten Lebensjahres. Und in dieser kritischen Phase, in der die Ablösung von der Mutter geleistet werden muß, liegt der Keim des Problems. Trennungen fallen uns deshalb so schwer, weil wir uns dabei eigentlich selbst auseinanderschneiden, der andere ist gar kein Partner, der mir gegenübersteht, sondern er hat viele Anteile von mir selbst. Heinz Kohut nennt ihn ein Selbstobjekt. Trennung bedeutet demnach, daß man selbst stark abgewertet wird. Sie wird als Selbstverlust erlebt, eben weil die Ablösung von der Symbiose mit dem Partner nicht gelingen kann.

In solchen Trennungsphasen entsteht sehr viel Mißtrauen und Angst, man streitet sich über das kleinste Detail, über das man vorher kein Wort verloren hätte. Eine solche Trennung ist im Grund gar keine Trennung, es ist ein Abbruch der Beziehungen. In der Regel läuft es lediglich auf einen Beziehungswechsel hinaus.

Es erfolgt deshalb keine wirkliche Ablösung, weil die Paare in der ganzen Zeit ihrer Beziehung nicht gelernt haben, eine freundliche Grenze zwischen sich zu ziehen. Dieses Herstellen der »freundlichen Grenze« muß als besondere seelische Fähigkeit in einer Beziehung entwickelt werden, man muß den Mut haben, dem anderen die eigenen Bedürfnisse, also auch das große Bedürfnis nach Individuation mitzuteilen. Pointiert gesagt: Wir sind schließlich gezwungen, uns zu trennen, wenn wir es nicht gelernt haben, uns zu trennen (d. h. in der Partnerschaft eigenständig zu sein).

Wenn Sie von Beziehungswechsel sprechen, so bedeutet das doch, daß das Unerledigte der alten Partnerschaft an den nächsten Partner »weitervererbt« wird.

Ja, so sehe ich es auch. Ich will nicht gleich von Wiederholungszwang sprechen, das wäre überzogen, denn wir haben verschiedene Übertragungsbereitschaften in verschiedener Stärke. Aber wenn es einem nicht gelungen ist, sich vom alten Partner wirklich abzulösen und zu trennen, wenn die Beziehung einfach abgebrochen wurde, dann schleppt man die Trümmerstücke dieser Beziehung in die nächste mit hinein. Ich kann aber mit dem neuen Partner nur sehr schwer jene Beziehung aufarbeiten, die mit dem alten zu diskutieren ich nicht riskiert habe.

Ich plädiere für eine möglichst intensive und menschenwürdige Ablösungs- und Trennungssituation, deren Charakteristik es ist, daß sie nicht in Vergiftung und wechselseitigem Mißtrauen endet. Das heißt nicht, daß eine Trennung ohne Schmerzen, Trauer und Zorn, ohne Selbstzweifel und Enttäuschung vor sich geht, das ist unvermeidlich. Aber ich sollte nach der Trennung den früheren Partner in seiner neuen Welt akzeptieren können.

Sie sagen, daß eine Trennung von den meisten Partnern als eine Form des Selbstverlustes erlebt wird.

Ich habe ja geschildert, wie sich die Partner unbewußt nicht als autonome Individuen gegenüberstehen, sie haben es deshalb auch schwer mit dem Zwiegespräch, als dessen Kern ich den Austausch von Selbstporträts sehe. Der Partner wird eher als

Projektionsfläche gebraucht oder, besser gesagt, mißbraucht. Auf ihn projiziere ich die Anteile von mir selbst, die mir lästig sind. Das heißt, ich entlaste mich selbst von mir und von der eigenen Angst. Und das möchte man sich natürlich nicht nehmen lassen, diese Entlastungs- und Entsorgungsmöglichkeit. Daher stammt der große Widerstand, sich wirklich auf Gespräche und Austausch einzulassen, denn dann muß ich ja zur Kenntnis nehmen, daß ich den anderen »mißbraucht« habe, und verliere eine Abwehrmöglichkeit.

Sie haben dargestellt, wie in »sprachlosen« Beziehungen sich unterdrückter Zorn aufstaut, wie Enttäuschung und Resignation zu psychischen Symptomen führen. Aber sicher wird doch auch die körperliche Gesundheit durch diese »Einsamkeit zu zweit« auf Dauer beeinträchtigt.

Wir haben in unserer Gesellschaft gelernt, nur den einzelnen zu sehen, denn die Vereinzelung des Menschen ist in der bisherigen Leistungsgesellschaft geradezu notwendig. Deshalb ist uns auch der Blick dafür verlorengegangen, wie sich Beziehungen auf Gesundheit und Krankheit des einzelnen auswirken. Besonders das unbewußte Zusammenspiel in einer Paarbeziehung und seine Folgen für das psychische und körperliche Befinden hat die Medizin noch kaum berücksichtigt. Auch die Psychoanalytiker arbeiten vorwiegend mit Einzelpatienten und verkennen oft, daß sie damit unvermeidlich die wesentlichen Partner in Abwesenheit mitbehandeln. In der therapeutischen Situation werden zwar Übertragung und Gegenübertragung subtil registriert und erforscht, aber was die gleichen Vorgänge in den Beziehungen des Patienten außerhalb des Sprechzimmers bewirken, wird kaum ausreichend gewichtet. Die Beziehung beeinflußt Gesundheit und Krankheit, und man kann – wenn man sich einmal diesen Einfluß über Jahrzehnte hinweg vergegenwärtigt – behaupten, daß man mit der Wahl eines/r Partners/in auch seine eigene Gesundheit oder Krankheit wählt.

In der Psychosomatik gibt es Untersuchungsbefunde, die zeigen, daß die unbehandelten Partner von Patienten, die in stationärer Therapie sind, in etwa 16 Prozent der Fälle Suizidversuche machen. Ganz abgesehen davon, daß sie signifikant häufiger in der Zeit nach und während der Behandlung ihres Partners jeweils selbst den Arzt aufsuchen und auch häufiger krank sind. Man kann es auf einen Satz bringen: Wenn ich einen Menschen behandle, so behandle ich automatisch auch den Partner mit – über den Weg der unbewußten Beziehung.

Umgekehrt läßt sich sagen, daß eine gelungene Beziehung, eine Beziehung, in der Zwiegespräche möglich sind und in der somit Konflikte verarbeitet werden können, ein Instrument der Gesundheit ist – nicht nur der seelischen, sondern auch der körperlichen Gesundheit.

(Mit Michael Lukas Moeller sprach Heiko Ernst)

TILMANN MOSER

»Gefühle, von denen die Seele nichts weiß«

Psychoanalyse wirkt über das Wort. Der Körper als berührter und berührender Körper gilt als tabu. Tilmann Moser ist einer der wenigen Psychoanalytiker, die keine »Berührungsängste« haben: Er schlägt eine Erweiterung der Psychoanalyse um körpertherapeutische Verfahren vor. Psychoanalytische Körpertherapie hält er für eine Chance, um auch jene Schichten und Gefühle von Patienten zu erreichen, die mit Sprache allein unbeantwortet oder sogar unentdeckt blieben.

Herr Moser, Sie plädieren dafür, körpertherapeutische Verfahren in die psychoanalytische Behandlung einzubeziehen. Damit haben Sie mit einem psychoanalytischen Tabu gebrochen. Können Sie sich eigentlich selbst noch als Psychoanalytiker bezeichnen?

Ich verstehe mich ganz und gar als Psychoanalytiker. Die Körperpsychotherapie ist für mich eine Erweiterung meiner Möglichkeiten. Mit der Körperarbeit wächst auch meine Einsicht in die Wichtigkeit und Ergiebigkeit der psychoanalytischen Theorie als Entwicklungspsychologie. Es vertieft sich die Identität, es vertieft sich auch die Theorie der Übertragung. Von Einseitigkeiten – wie etwa der Triebtheorie – einmal abgesehen, finde ich alles bestätigt, was die Psychoanalyse je erforscht hat, ich wende es nur etwas anders an.

Ihre Identität hat sich vertieft, doch verträgt sich diese Identität mit der orthodoxen Psychoanalyse, die ja unter anderem die Abstinenzregel aufgestellt hat? Danach ist es strikt verboten, den Patienten in irgendeiner Form zu berühren.

Mein Eindruck ist, daß sich jetzt einiges verändert hat. Die Abstinenzregel ist sehr einseitig interpretiert worden, gegen Triebbefriedigung, wie ja auch Johannes Cremerius geschrieben hat. Abstinenz heißt: hinter der Couch sitzen, den Patienten nicht anschauen, auf keinen Fall berühren. Ich kann das nur aus der Geschichte heraus sehen: Freud und seine besorgten Schüler hatten Angst, daß die Psychoanalyse anrüchig werden könnte, wenn es zu Entgleisungen kommt. Die Geschichte der Psychoanalyse beginnt ja tatsächlich mit einer Beinahe-Entgleisung. Freud selbst hat erleben müssen, wie hilflos er sich zuerst fühlte, wenn eine Patientin sich in ihn verliebte. Er war vollkommen unvorbereitet, als ihn einmal eine Patientin umarmt hat. Wenn so etwas heute einem Therapeuten passiert, ist das kein Grund zur Aufregung mehr. Denn heute weiß man, daß sich in so einer Geste viel Dankbarkeit und kindhafte Wünsche äußern können, und wird sie nicht mißverstehen. Trotzdem halte ich nach wie vor an dem Begriff Abstinenz fest. Das bedeutet: Der Therapeut soll keine eigenen sexuellen Bedürfnisse mit Patientinnen befriedigen; er versucht nicht, seine Aggressivität abzuladen; auch nicht, seine symbiotischen und narzißtischen Bedürfnisse mit Patienten zu befriedigen.

Die alte Abstinenzregel diente also auch der Abwehr von Gefühlen …

… und dem Ruf der Psychoanalyse. Das war von Freud ganz strategisch gedacht. Er befürchtete, wenn seine Schüler nicht aufpassen, dann wird die Ärzteschaft sofort kritisieren: Das ist eine Schmuserei, das ist Petting. Wie Freud es selbst seinem Schüler Ferenczi vorgeworfen hat.

Diese Ängste scheinen heute bei orthodoxen Psychoanalytikern immer noch vorhanden zu sein, wenn sie sich gegen den Einbezug von körpertherapeutischen Verfahren wenden. Sind das Ängste vor den eigenen Gefühlen oder vor den Gefühlen der Patienten?

Vor beiden! Ich kenne das ja aus eigener Erfahrung: Wenn man jahrelang gedrillt wird, hinter der Couch zu sitzen und nur auf die aufsteigenden Phantasien und Gefühle des Patienten zu achten, und wenn man eingebleut bekommen hat: Berührung ist gleichzusetzen mit Agieren, Verwöhnung oder Triebbefriedigung, dann hat man nicht gelernt, mit jenen Gefühlen umzugehen, die nach stärkerem Ausdruck, auch nach körperlicher Aktivität verlangen. Dadurch verfestigt das Setting eine gewisse Ängstlichkeit.

Worin sehen Sie vor allem den Vorteil körpertherapeutischer Verfahren in der Psychoanalyse?

Eine Reihe von Patienten kommt aus Familien, in denen sie nicht gelernt haben, Gefühle in Worte zu fassen, wo sie noch nicht einmal gelernt haben, ihre Gefühle zu spüren. Bei solchen Patienten ist manchmal eine körperliche Interaktion als Vorform der Symbolisierung hilfreich und notwendig. Mir berichten immer wieder Menschen, daß sie nun schon mehrere Jahre in Analyse seien, daß sich nichts bewege, daß sie sich erstarrt und unverstanden fühlten. In solchen Fällen ist der Patient dann vermutlich auf einen Analytiker getroffen, dessen Instrumentarium für ihn nicht ausreicht. Doch man darf das auf gar keinen Fall verallgemeinern: Ich höre auch von Kollegen, die allein mit ihrer Stimme, durch das empathische Einfühlen mit Worten, sehr frühe Phasen und sehr verschüttete Gefühle freilegen können.

Ich bin der Meinung, daß es mit körpertherapeutischen Verfahren leichter ist, aber ich staune auch über Formen der sprachlichen Empathie, mit denen Kollegen sehr viel erreichen können. Ich möchte die psychoanalytische Methode also nicht verurteilen oder entwerten, sondern ich sage, daß es Erweiterungen dieser Methode gibt, sie sollten aber durch Selbsterfahrung von den Analytikern erst einmal erlebt werden. Viele sogenannte klassische Analytiker urteilen heute über körpertherapeutische Verfahren, ohne auch nur jemals eine Stunde Selbsterfahrung gehabt zu haben.

Sie sind auch durch eine klassische psychoanalytische Ausbildung gegangen. Wie war es Ihnen persönlich möglich, Ihren Blick zu weiten?

Ich habe sehr viel Glück gehabt. Ein Schweizer Freund und Kollege hat mich dazu animiert, Workshops in Gestalttherapie, Erlebnistherapie, Psychodrama und so weiter zu besuchen. Ich habe mich selbst einmal gefragt, was für mich die Motive waren, daran teilzunehmen: Unzufriedenheit, Neugier, auch ein bißchen Aufmüpfigkeit – denn wenn mir jemand sagt, all das ist verboten oder schlecht, dann zieht es mich erst recht an –, aber auch ein Gespür dafür, daß die Psychoanalyse, die ich selbst idealisiert habe, bestimmte Schichten nicht erreicht. Trotz sehr vieler Jahre Analyse konnte die depressive Grundschicht, von der ich immer wieder bedroht bin, nicht ausgeräumt werden. Ich habe dann erfahren, daß ich auf bestimmte Formen der körperlichen Zuwendung, auch der körperlichen Auseinandersetzung, sehr intensiv reagiere. Mein erster sehr wichtiger Eindruck war zum Beispiel ein Ringkampf mit einem Freund, der mir meine eigenen mörderischen Vorstellungen gegenüber meinen Brüdern gezeigt hat. Das war nicht lebensbedrohend, das ging sogar in lustvolles Kämpfen über. Doch aus meiner Familiengeschichte kannte ich diese heftigen Gefühle nicht, ich kannte sie auch nicht aus meinen Analysen.

Sie nennen Ihre Methode »psychoanalytische Körpertherapie«. Können Sie konkretisieren, wie Sie mit dem Körper in Ihren Analysen arbeiten?`

Ich nehme einmal das einfachste Beispiel: Halt geben. Ein kleines Kind kommt oft in Situationen, wo es überschwemmt wird von seinen Gefühlen und die Mutter dann aus irgendwelchen Gründen nicht verfügbar ist. Wenn es mit diesen Gefühlen allein nicht fertig werden kann, dann muß es diese Gefühle abspalten oder in den Körper abschieben. Diese Gefühle sind dann weg, und tauchen höchstens nur noch in sogenannten Übersprunghandlungen später wieder auf: in Wutausbrüchen, Tränen, in psychosomatischen Störungen oder auch in Sexualität. Sehr viele frühe Gefühle werden ja in anklammernder Sexualität ausagiert. In der psychoanalytischen Körpertherapie kann man diesen frühen fehlenden mütterlichen Halt nachliefern. Konkret sieht das so aus, daß ich zum Beispiel hinter der Couch sitze und mit beiden Händen den Kopf des Patienten halte. Ich frage natürlich vorher, ob er oder sie das auch möchte, doch meistens gibt es auch optische Zeichen dafür, daß eine Sehnsucht danach besteht. Die Patienten legen häufig beim Reden den Finger an den Mund oder bergen ihren Kopf in der Handfläche oder streicheln sich sogar unbemerkt. Es gibt also ganz viele Zeichen, man kann sich fast immer darauf verlassen. Den Kopf zu halten, das ist die einfachste Form, mütterliche Zuwendung nachzuholen.

Eine andere Form ist Widerstand geben. Wenn zum Beispiel jemand sehr viele Gefühle unterdrücken muß, dann hat er oft Kopfweh, spürt einen Ring um den Kopf oder eine Last auf der Brust. Das ist ein Zeichen dafür, daß eine Überlastung durch die Gefühle wie durch die Abwehrmechanismen vorhanden ist. Der Körper hat ja auch, wie die Seele, Abwehrfunktionen. Ein Beispiel: Ein Mensch bekommt einen neuen Chef, der ihn ständig subtil unterdrückt. Dadurch entsteht latente Wut, die abgewehrt wird, und irgendwann hat dieser Mensch dann eine Blockierung, weil er ständig eine Muskulatur bremst, die eigentlich zuschlagen möchte oder beißen oder treten. Wenn man diesem Menschen dann Widerstand bietet, dann kann sich diese Blockierung lösen. Zum Beispiel kann ich diesen Menschen dazu auffordern, eine Faust zu bilden. Ich umschließe dann diese Faust mit meinen Händen – und es sind viele Reaktionen denkbar. Ein depressiver Mensch fängt eher an zu weinen und sagt, das ist wunderbar. Er hat dann möglicherweise das Gefühl, in meinen Händen sei sein ganzes Selbst sicher umschlossen. Jemand, der latente Wut in sich hat, nimmt meine Hände als Halt und kann dann endlich mal Kraft und Zorn ausprobieren. Dabei ist es wichtig, daß ich ein Arrangement wähle, wo ich sicher sein kann, daß der Patient seine Wut voll zeigen kann. Die Faust ist dabei sowohl konkret als auch symbolisch: Manche Patienten kann man alleine nicht halten, wenn sie ihre Wut voll rauslassen würden. Deshalb nehme ich symbolische Einheiten heraus, wie zum Beispiel die Faust. Wichtig ist, daß der ungefilterte Affekt erst einmal zum Vorschein kommen kann. Das ist das, was immer als Katharsis verdächtigt wird. Natürlich hat das kathartische Aspekte, aber wenn einmal ein bestimmtes Quantum archaischer Gefühle gezeigt werden kann, dann ist auch das Abwehrsystem nicht mehr ständig überlastet. Das Ich bekommt wieder Spielraum, und eine diffuse Wut kann plötzlich deutlich zugeordnet werden, wohin sie gehört. Es gibt Menschen, die wissen überhaupt nicht, daß sie auf den Chef, die Mutter oder sonst jemanden wütend sind. Erst wenn sie ein Stück von diesem Gefühl zeigen konnten, dann merken sie überhaupt, daß sie es haben. In der klassischen Psychoanalyse heißt die Regel, daß man den Affekt in Worte fassen muß. Die Körpertherapie bietet an, daß man mit Affekten auch umgehen kann, wenn sie noch nicht in Sprache gefaßt werden können.

Sie haben das psychoanalytische Setting auch dahingehend geändert, daß Sie nicht mehr unbedingt hinter dem Patienten sitzen.

Ich sitze seitlich mit dem Gesicht zum Patienten. Doch immer bestimmt der Patient die Nähe. Er bestimmt also, wie nahe ich mit meinem Stuhl an die Couch heran kann. Vorausgesetzt, es kommt überhaupt dazu, daß sich der Patient auf die Couch legt.

Das ist bei Ihnen also nicht Bedingung?

Es gibt Analytiker, die suchen sich ihre Patienten danach aus, ob sie geeignet sind, sich auf die Couch zu legen. Ich tue das nicht. Es kann allerdings vorkommen, daß nach einem halben Jahr ein Patient dann so weit ist, daß er sich auf die Couch legen will. Viele Patienten haben ja eine ganze Weile Angst davor, sich auf die Couch zu legen. Mir ist grundsätzlich wichtig, daß der Patient wieder zu Initiative und Aktivität zurückfindet. Ich sage deshalb auch immer: Bitte, das ganze Zimmer steht zur Verfügung. Und genauso muß er auch lernen, Nähe und Distanz auszuprobieren. Wenn Sie kleine Kinder auf dem Arm ihrer Mutter beobachten, dann haben diese Kinder eine Menge an Möglichkeiten, um Distanz zu wahren: den Kopf drehen, die Hand vor die Augen legen, sich nach hinten biegen und so weiter. Auch die Patienten auf der Couch können erproben, wenn sie mit mir üben, wie nah oder fern ich von ihnen sitzen soll. Der Patient kann sich zur Wand drehen, er kann mich anschauen oder wegschauen, er kann sich mir zuwenden.

Ein weiteres Beispiel für meine Arbeit: Ich hatte vor Jahren einen etwa 50jährigen Patienten, also aus der Generation, die selten Väter hatte, mit denen sie sich auch körperlich auseinandersetzen konnte. Dieser Patient wirkte wie eingeschnürt. Ich könnte ihn nun sprachlich darauf hinweisen, doch das wirkt leicht kritisch. Auch ein freundlicher Hinweis auf etwas, das man nicht kann oder hat, wirkt als Kritik.

Irgendwann im Laufe der Analyse sagte ich zu diesem Patienten: »Wie Sie wissen, arbeite ich ja auch mit dem Körper, und ich würde Ihnen gerne eine kleine Übung vorschlagen. So können wir herausfinden, ob es im Körper gestaute Gefühle gibt, von denen die Seele noch gar nichts weiß. Können Sie mal im Stehen den Kopf in meine Hände legen und versuchen, mich mit dem Kopf wegzuschieben? Wollen wir mal sehen«, sagte ich zu ihm, »ob Sie für einen Stierkampf tauglich wären.«

Er kämpfte wie ein Stier mit mir. Meistens taucht dann irgendwann eine Szene auf. Das heißt, der Körper erinnert sich durch die freigewordene Aktivität an die Szene, wohin die zurückgehaltene Aggressivität gehört; auch an die Ängste, die zu ihrer Unterdrückung führten.

Gehen denn alle Patienten auf Ihre Aufforderungen ein? Gibt es nicht auch Patienten, die ganz bestimmte Vorstellungen von Psychoanalyse haben oder Angst davor, berührt zu werden?

Ja, ich habe auch Patienten, die sagen, ich kann Berührung noch nicht ertragen. Doch meistens schlage ich solche Interaktionen auch nur dann vor, wenn ich spüre, der Patient ist bereit dazu. Manchmal kommt es vor, daß Patienten auf dieses Angebot eben nicht eingehen. Sie haben Angst, von ihren Gefühlen überschwemmt zu werden, sie haben Angst vor eventuellen Übergriffen meinerseits, sie haben Angst, die Kontrolle zu verlieren. Das sind ganz elementare Ängste.

Gibt es denn in dieser Hinsicht Unterschiede zwischen weiblichen und männlichen Patienten?

Natürlich gibt es Unterschiede in der Art der Beziehung, aber nicht in der Stärke der Angst. Frauen und Mädchen haben öfter Übergriffe erlebt von ihren Vätern, den Brüdern, den Lehrern, so daß sie diesbezüglich mehr Ängste haben als Männer. Bei Männern dagegen taucht bei der Vorstellung, festgehalten zu werden, eher die Angst auf, daß sie zurückkehren zur festhaltenden Mutter. Wenn ich ein derartiges Übungsangebot mache, dann kann mich das in der Übertragung blitzartig von einem Mann in eine gefährliche Frau verwandeln. Halten bedeutet für viele Männer, vor allem wenn sie vaterlos aufgewachsen sind, zu eng von der Mutter festgehalten zu werden. Deshalb ist dann besonders »väterlicher« Halt wichtig. Dafür gibt es eigene Formen.

Sie sprechen die Angst mancher Patientinnen vor sexuellen Übergriffen an. Wie groß ist denn Ihrer Meinung nach die Gefahr, daß in einer Therapie, die auch mit dem Körper arbeitet, sexuelle Übergriffe stattfinden können?

Ich denke, in erster Linie kommt es auf die Reife eines Therapeuten an. Er muß sich klar identifizieren können mit einer elterlichen Position. Es ist ein Grundgesetz jeder Therapie, aber erst recht der Körpertherapie, daß man keine Dinge tut, die auch Eltern im wohlverstandenen Interesse ihrer Kinder nicht tun würden. Von Anklammern bis sexuellem Mißbrauch – für alle menschlichen Bedürfnisse können Kinder mißbraucht werden. Für mich hat die Einbeziehung des Körpers, das Berühren, die Sicherheit erhöht, daß keine Übergriffe passieren. Das klingt paradox, doch ich bin durch das Berühren sehr viel mehr mit dem verletzten Kind identifiziert und in Kontakt mit dem ängstlichen, scheuen, haltbedürftigen Kind im Patienten. Das sagen mir auch alle körpertherapeutisch arbeitenden Kollegen, daß sie bewußt mit dem verletzten Kind im Erwachsenen arbeiten und nicht mit der erwachsenen Person.

Nun kann man natürlich sagen, Sexualität kann auch neurotisch gehemmt sein. Doch Heilung kann nicht stattfinden, indem der Therapeut dem Patienten zeigt, wie es geht. Es gibt gelegentlich Situationen, in denen ich merke, jetzt kann der Patient oder die Patientin nicht mehr sicher unterscheiden zwischen mir als Therapeuten und einem Sexualobjekt. Es gibt Patienten, die ihre frühen Nähebedürfnisse über Sexualität befriedigen wollen. Diese Frauen oder Männer haben eine ganz starke Ausstrahlung, die suggeriert, daß sie ganz dringend erotische Nähe brauchen. Die haben richtig leuchtende Augen, diese Paradiesaugen, oder zynisch ist auch vom »spermatischen Blick« die Rede. Aus diesen Augen strahlt das sehnsüchtige Kleinkind plus der erwachsenen Frau oder dem erwachsenen Mann. Und das erhöht natürlich die Attraktivität. Doch wenn ein Therapeut diesen Blick erkennt, dann müssen alle Warnlichter angehen. Und natürlich muß das richtige Umgehen mit solchen Patienten in der therapeutischen Supervision eingeübt werden. Meistens erkennt man es am Blick, wenn sich ein starkes symbiotisches Nähebedürfnis vermischt mit sexuellen Wünschen. Erstaunlich ist, daß die richtige Berührung diese beiden verklumpten Welten rasch trennen kann, so daß der Patient auch die Vermischung dieser beiden Gefühle spürt.

Bei manchen Patienten bedarf es also der Einübung und der Klarstellung: Wir haben einen Kontrakt, Ihre Behinderungen aus Ihrer Lebensgeschichte soweit möglich auszuheilen, aber wir sind keine Partner auf einer erwachsenen Ebene. Wenn Ihre Sexualität so erwacht, daß Sie sie in eine Partnerschaft einbringen können, dann freue ich mich mit Ihnen, aber Sie können sie nicht mit mir ausleben.

Nun gibt es aber immer wieder Therapeuten, die ihre elterliche Rolle vergessen und der Versuchung nicht widerstehen können. Wie muß eine therapeutische Ausbildung aussehen, die einen Therapeuten befähigt, die Grenze zwischen den Wünschen und Phantasien der Patienten und dem eigenen Begehren zu erkennen? Ist die psychoanalytische Ausbildung auf dieses Problem überhaupt ausgerichtet?

Ja, aber zu ängstlich, so als ob Berührung und Halten immer schon Triebbefriedigung wären. Doch es gibt sehr viel natürliche Intuition bei den Kollegen. Inzwischen ist einiges lockerer geworden. Im privaten Gespräch geben Kollegen schon mal zu, daß sie Patienten berühren, ihnen die Hand geben, die Hand auf die Schulter legen. Es gab ja Phasen in der internationalen Psychoanalyse, wo es verpönt war, den Patienten überhaupt die Hand zu geben.

Ich bin überzeugt davon, daß jüngere Kollegen immer mehr den Wunsch äußern werden, auch während der psychoanalytischen Ausbildung andere Therapien kennenzulernen, mal zu einem Workshop gehen zu können. Die meisten machen das bislang noch nach Ende der Ausbildung, weil sie merken, die Ausbilder reagieren auf solche Wünsche etwas säuerlich. Manchmal kommt auch direkt ein Verbot oder eine entmutigende oder entwertende Deutung. Ich plädiere sehr dafür, daß es möglich sein sollte, bereits während der psychoanalytischen Ausbildung körpertherapeutische Erfahrungen sammeln zu können. Man kann dann während der Psychoanalyse noch über diese Erfahrungen reden, sie einordnen. Zum anderen ist das die einzige Möglichkeit, daß sich bei den älteren Lehranalytikern – wenn auch aus zweiter Hand – Erfahrung bildet.

Hinter dem Begriff Körpertherapie verbergen sich die unterschiedlichsten Verfahren. Wenn Sie dafür plädieren, daß auch Psychoanalytiker während ihrer Ausbildung körpertherapeutische Erfahrungen sammeln sollten, an welche körpertherapeutischen Methoden denken Sie dann? Gibt es Methoden, vor denen Sie warnen würden?

Ich warne vor gar keiner Methode. Es kommt immer auf die Qualität und die Reife des Therapeuten an. Es gibt in allen

Therapien Pfuscher, und es gibt in allen sehr differenzierte Therapeuten. Alle Körpertherapien gehen meist erst einmal von *einem* wichtigen Aspekt aus, den sie entdeckt haben: sei es der Schrei, das Schlagen, das Atmen, die Umarmung, das Festhalten. Was auch immer im Mittelpunkt der Therapie steht, es ist gleichgültig, solange daraus kein Patentrezept gemacht wird und die Therapeuten auch mit Phänomenen der Gegenübertragung vertraut sind.

Es gibt zum Beispiel harte Formen von Bioenergetik, die nicht so sehr mit der Beziehung arbeiten, sondern die Übungen in den Mittelpunkt stellen: zum Beispiel den sogenannten Atem-Stuhl, Streßsituationen oder das Schlagen auf Matratzen. Der Therapeut tritt dann kaum selbst in eine Interaktion ein, sondern er ist vielmehr eine Art Zeremonienmeister. Dabei kann es zu sehr komplizierten Übertragungsverstrickungen kommen, weil der Patient im Therapeuten dann doch plötzlich den strengen Vater entdeckt oder den Wunsch entwickelt, von ihm gehalten und berührt zu werden. Der Therapeut aber schickt ihn dann dauernd wieder zum Beispiel auf die Matte und fordert ihn auf: Mach weiter, du hast einen Widerstand, schrei laut, dann kommt alles raus. Das kann dann fatale Folgen haben. Ich rede und schreibe nicht umsonst deshalb so viel für die *Psychoanalytiker,* damit sie den Reichtum wahrnehmen, den sie durch ihre psychoanalytische Ausbildung kombiniert mit körpertherapeutischen Verfahren haben. Sie haben durch ihre psychoanalytische Ausbildung ein solides Fundament, auf das sie aufbauen können. Sie sind durch einen langen Übertragungsprozeß gegangen, sie haben diagnostisch denken gelernt. Sie können gewährleisten, daß der Körper nicht nur Verfahren überlassen bleibt, denen mehrere Dimensionen fehlen. Ich habe also die Wunsch-Utopie, daß die Psychoanalytiker die körpertherapeutische Szene durchdringen und sich einverleiben, was sie brauchen können.

Damit dürften Sie sich allerdings bei den Körpertherapeuten nicht unbedingt Freunde machen.

Warum das? Die Psychoanalytiker sollen den Körpertherapeuten nichts wegnehmen, sondern sie können lernen und mit ihnen kooperieren. Die Analytiker sollten manchen Patienten erlauben oder sogar raten, parallel an stagnierenden Punkten, oder wenn die Symbiose zwischen Analysand und Analytiker schwer auflösbar ist, einen Dritten, einen Körpertherapeuten, aufzusuchen. Zum Beispiel sind fast alle meine Gruppenpatienten bei anderen Kollegen in Einzeltherapie oder umgekehrt. Mit einigen dieser Therapeuten ist die Verständigung mühelos. Es gibt aber auch welche, da ist die Spaltung deutlich. Die sind dann nicht bereit, mit mir zu reden. Ich spüre, daß sie möchten, daß ihr Patient die Gruppensitzungen bei mir aufgibt. Oder sie kooperieren nicht bei der Überwindung der Spaltung.

Wenn Sie für eine Kombination verschiedener therapeutischer Methoden plädieren, dann drängt sich die Frage auf: Wer soll das bezahlen?

Es ist doch heute schon so, daß viele Patienten, die sich vorher durch Lektüre oder die Erfahrungen anderer kundig gemacht haben, mit dem deutlichen Wunsch kommen, körpertherapeutisch arbeiten zu wollen. Doch für die meisten dieser Therapien werden von den Kassen die Kosten nicht übernommen. Es bleibt dann den Patienten oft nichts anderes übrig, als sich in traditionelle psychoanalytische Behandlung zu begeben, und da nur ganz wenige Psychoanalytiker körpertherapeutische Verfahren in ihre Arbeit integrieren, ist es Zufall, wenn sie gerade an einen solchen geraten. Also stehen die Patienten vor der Wahl, Körpertherapien bei anderen Therapeuten selbst zu bezahlen. Dabei haben sie oft keine Kriterien, ob der jeweilige Therapeut gut ist, sie treten in eine Subkultur ein, in der es kaum Kontrollen gibt. Natürlich haben auch reine Primärtherapeuten oder Bioenergetiker ohne analytischen Hintergrund eine Weile Supervision, aber die Ausbildungen dauern berufsbegleitend drei bis maximal fünf Jahre, und dann werden die Leute auf die Menschheit losgelassen. Diese Zeit ist zu kurz.

Die meisten körpertherapeutischen Institute bieten zwar sehr strukturierte Ausbildungen an, meiner Meinung nach aber mit nach wie vor zuwenig Selbsterfahrung, mit zuwenig Kooperation mit dem klinischen Wissen anderer Verfahren, also zum Beispiel der Psychoanalyse. Doch auch hier sind Veränderungen spürbar. Neben den Bioenergetikern, deren Grundlage sowieso die Psychoanalyse ist, beginnen nun auch die Gestalttheoretiker, von den polemischen Entwertungen der Psychoanalyse durch Fritz Perls abzugehen.

Meinen Sie damit, daß die langwierige, oft über Jahre gehende Psychoanalyse sich verkürzen könnte?

Nach meiner Überzeugung wird die Therapiezeit nach Jahren nicht sehr viel kürzer durch die Einbeziehung körpertherapeutischer Verfahren. Wobei ich sagen muß, daß Psychoanalysen, die sehr viel länger als fünf Jahre dauern, anfangen, verdächtig zu werden. Es kann Fälle geben, die es notwendig machen, daß sich eine Psychoanalyse über sechs, sieben Jahre hinziehen kann, doch alles, was länger dauert, ist mir suspekt. Da gibt es dann Bremsfaktoren oder zentrale Themen, die nicht berührt werden oder nicht erreicht werden können. Oder es findet eine Kollusion, ein Zusammenspiel zwischen Patient und Analytiker statt. Beide haben Probleme mit der Trennung. Die psychoanalytische Behandlung wird nicht wesentlich verkürzt werden durch körpertherapeutische Verfahren. Der Prozeß wird allerdings intensiver, das affektive Erleben breiter. Hinzu kommt, daß von den Kollegen, die ich kenne, die Körpertherapie miteinbeziehen, niemand mehr als zwei Wochenstunden anbietet. Das heißt, die Überdosierung an Therapiestunden könnte überflüssig werden. Denn bei vier bis fünf Therapiestunden die Woche, da hängen die Patienten ja wie an einem Tropf; da wird die Therapie zur Lebensform. So viel intensive Zeit verbringen ja nicht einmal Ehepartner miteinander. Das ist eine Überfütterung, auch eine schleichende Entwertung der Therapie. Der Patient kann sich immer sagen, was ich heute nicht sage, das sage ich halt dann morgen. Und wenn es dann noch die Kasse bezahlt, dann wird die Psychoanalyse zu einer Art Liegekur. Dagegen sind bei ein bis zwei Stunden pro Woche intensivere Entwicklungen möglich. Zu einer Verkürzung der Therapie insgesamt wird es wohl nicht kommen, höchstens zu einer Verkürzung von absurden Arrangements.

Sie haben jetzt im Grunde ein Zukunftsbild der Psychoanalyse entworfen: Verkürzung der Wochenstundenzahl, Integrierung körpertherapeutischer Methoden …

Ich sage nicht, so stelle ich mir die Zukunft der Psychoanalyse vor; ein Teil der Entwicklung könnte in diese Richtung gehen, aber global würde ich das so nicht ausdrücken. Denn wie ein Analytiker arbeitet, das ist auch eine Temperamentsfrage. Es wird immer klassisch arbeitende Psychoanalytiker geben, die sagen, mit meiner Familie habe ich Berührung genug, ich bin froh, wenn ich das in meinen Therapien nicht auch noch machen muß. Das können sehr gute Therapeuten sein. Ich möchte meine Version nicht verschreiben. Ich möchte sie allerdings anbieten, weil ich von ihr überzeugt bin.

Ist dann, grundsätzlich gefragt, die Psychoanalyse überhaupt noch eine zeitgemäße Therapieform? Haben sich nicht die psychischen Störungen, unter denen Menschen heute leiden, so verändert, daß die Psychoanalyse ihnen nicht mehr gerecht werden kann?

Ich möchte auch hier wiederum *für* die Psychoanalyse sprechen, denn die hat bereits enorme Veränderungsleistungen erbracht. Ich erinnere nur an die Narzißmusforschung – und die Entwicklung der Borderline-Therapie. Es gibt ja die These von einigen Autoren, daß sich unsere Gesellschaft zu einer autistischen entwickelt. Indizien dafür seien Discos, Walkman, Video, Drogen – also alles Existenzformen, wo der Mensch ganz auf sich geworfen ist. Natürlich glaube ich, daß Interaktion, die Wahrnehmung des anderen, die lebendige Auseinandersetzung, leichter eingeübt werden kann mit dem Körper. Denn der Körper ist *das* frühe Kontaktorgan. Manche Patienten verkümmern einfach auf der Couch ohne Berührung.

Haben denn da die Patienten, um deren Schicksal es schließlich geht, ein Wörtchen mitzureden?

Bis jetzt kaum, aber das sollte sich ändern. Immer mehr Patienten sollten gleich zu Beginn fragen, ob der Analytiker den Körper einbezieht oder ein Stück Selbsterfahrung mit Körperpsychotherapie hat oder wenigstens mit einem Körpertherapeuten zusammenarbeitet. Viele Patienten wissen heute schon ganz gut, was sie suchen, weil sie informiert sind. Die Gesamtgruppe der Psychotherapiepatienten, so würde ich sagen, hat ein Recht und einen Anspruch, daß sich wenigstens ein Teil

TILMANN MOSER

Tilmann Moser, geboren 1938, studierte Philologie, Politik und Soziologie in Tübingen, Paris, Berlin, Frankfurt und Gießen. Seine anschließende Ausbildung zum Psychoanalytiker erfolgte am Sigmund-Freud-Institut in Frankfurt/Main. Sechs Jahre lang war Moser Dozent für Psychoanalyse und Kriminologie am Fachbereich Rechtswissenschaft der Frankfurter Universität. Seit 1979 arbeitet er in freier Praxis als Psychoanalytiker in Freiburg. Zahlreiche Veröffentlichungen. Zuletzt: »Das zerstrittene Selbst« (1990) und (zusammen mit Albert Pesso) »Strukturen des Unbewußten« (1991) sowie »Der Erlöser der Mutter auf dem Weg zu sich selbst« (1993). Leserinnen und Lesern, die zum Thema weitere Informationen wünschen, seien vor allem folgende Bücher von Tilmann Moser empfohlen: »Kompaß der Seele« (ein Buch über Psychotherapiekatastrophen), »Das erste Jahr« (ein Behandlungsbericht, dort vor allem das Nachwort von Niklaus Roth) und »Körpertherapeutische Phantasien« (hier werden mißglückte oder stagnierende oder verquälte psychoanalytische Fallgeschichten noch einmal unter körpertherapeutischen Aspekten diskutiert).

der Analytiker, auf die sie wegen des Kassenmonopols angewiesen sind, fortbildet oder die Kenntnisse einbezieht, die weniger dogmatisch gebundene Therapeuten anderer Schulen sich erworben haben. Denn es ist nicht mehr nur Sache der klassischen Psychoanalyse, ob sie die riesige Entwicklung auf dem Gebiet der Körperpsychotherapie verschläft, weil zu viele Schicksale von ihrem eingeengten Repertoire abhängen. Im Grunde fordere ich ein Stück Druck von seiten der Patienten oder der informierten und psychosomatisch denkenden Ärzte, die Patienten in Psychotherapie überweisen, weil sie wissen, daß hinter vielen vordergründig körperlichen Erkrankungen seelische Konflikte oder frühe seelische Mängel stecken. Aber auch die Krankenkassen sollten aufwachen und sich nicht mehr von der Monopolkultur der »Abstinenz«-Psychoanalyse mit ihren Scheuklappen einwickeln lassen, sondern in eine Experimentierphase mit neuen Modellen von Therapie oder Kooperation und Delegation eintreten.

Viele Psychoanalytiker raten Patienten noch immer zu drei- bis fünfstündigen Analysen, erstens weil sie nichts anderes gelernt haben, und zweitens, weil sie es für ihren innerinstitutionellen Aufstieg brauchen, viele »hochfrequente« Analysen zu machen. Wer ein paar Jahrzehnte die Macht hatte, sich alle Konkurrenz vom Leib zu halten bei den Kassen und damit zum Teil auch bei den Patienten, wähnt sich leicht im Besitz der Wahrheit; er kann innerbetrieblich die mutigeren oder aufgeschlosseneren Kollegen einschüchtern mit Sätzen wie: »Was Sie da machen, ist nicht mehr rein psychoanalytisch.« Und für viele junge Analytiker ist das leider noch immer eine Bedrohung.

(Mit Tilmann Moser sprach Ursula Nuber)

Ulric Neisser

»Intelligenz, das ist die Fülle und Vielfalt des Lebens«

Intelligenz ist nicht einfach ein »Ding im Kopf«, das man untersuchen, geschweige denn messen könnte. Sie ist als Begriff die Erfindung von Menschen, die die Komplexität menschlicher Eigenschaften zergliedern und kategorisieren müssen. Sinnvoller wäre es, genau diese Komplexität in ihren Zusammenhängen zu begreifen. Intelligenztests sind für Ulric Neisser, den »Erfinder« der Kognitiven Psychologie, absurd.

Spätestens seit Stanley Kubricks »2001« gibt es die populäre Vision, es werde einmal möglich sein, Computer mit menschenähnlichen Fähigkeiten zu konstruieren. Forscher auf dem Gebiet der künstlichen Intelligenz arbeiten jedenfalls darauf hin, wenn man ihren kühnsten Prognosen glauben darf. Sie dagegen haben in Ihren Arbeiten wiederholt betont, daß Computer nicht wie Menschen denken können. Wieso nicht?

Wissen Sie, nicht alle Wissenschaftler, die sich mit künstlicher Intelligenz befassen, waren begeistert von »2001«. Einige bemängelten, daß in diesem Film der Computer alle Lorbeeren erntete und nicht der Wissenschaftler, der das Programm ja geschrieben hat. Der Computer ist eine Maschine, nur ein Stück *hardware,* erst das Programm verleiht ihm den Anschein von Intelligenz. Und dennoch spricht alle Welt nur vom Computer, als wäre er der Vater aller Dinge.

Der Begriff »künstliche Intelligenz« ist nicht ganz falsch für das, was Computer zu leisten imstande sind. Sie leisten eine Menge, aber sie können nicht denken wie wir. Ich will versuchen, das am Beispiel des Schachspielens klarzumachen. Ich spiele selbst Schach, aber nicht besonders gut. Sie können in jedem Spielzeugladen einen Schachcomputer kaufen, der mich in wenigen Zügen matt setzt. Dennoch spielt der Computer in gewisser Weise schlechter als ich: Er sieht weniger, lernt nichts dazu und muß viel mehr rechnen. Der frühere Schachweltmeister Capablanca wurde einmal von einem Bewunderer gefragt, wie viele alternative Züge er in einer schwierigen Situation des Spiels überprüfe: »Einen«, war die Antwort, »und zwar den richtigen.«

Und wie arbeitet im Gegensatz dazu der Computer?

Ein Computer überprüft zunächst eine große Zahl möglicher Züge und fällt erst nach einem Vergleich der Konsequenzen dieser Züge eine Entscheidung. Das ist sicher eine gute Strategie für das Schachspiel – vorausgesetzt, diese Operationen laufen mit der Geschwindigkeit eines Computers ab. Dennoch ist klar, daß der Computer anders vorgeht als der Mensch: Er erkennt keine Grundmuster, er wird nicht durch Übung besser, und er lernt nicht aus Erfahrung. Computer erwecken den Anschein von Intelligenz, weil sie *so* programmiert werden können, daß sie blitzschnell eine Unmenge von Möglichkeiten überprüfen und berechnen können. Beides zählt man üblicherweise zu den »höheren« geistigen Fähigkeiten. Andererseits haben Computer große Schwierigkeiten mit dem, was wir als »niedrige« geistige Fähigkeiten einzustufen gewohnt sind: mit Sehen, Hören, Wahrnehmen und der Fähigkeit, aus Erfahrung zu lernen. Ohne einen Zusammenhang mit der Wahrnehmung muß Denken künstlich bleiben.

Wo liegen denn eigentlich die Grenzen der Denkfähigkeit eines Computers?

Es läuft im Grunde darauf hinaus, daß Computer gar nichts wissen. Was ein Computer kann, ist Informationen speichern. Von Wissen kann man dabei genausowenig sprechen wie bei einem Wörterbuch. Die Informationen sind drin, und man kann sie herausholen, doch der Computer kann ihre Bedeutung nicht abschätzen.

Sicher, einige Programme sind heute so weit entwickelt, daß sie bestimmte Informationen über die reale Umwelt enthalten. Das *Artificial Intelligence Project* von Yale hat einige komplizierte Programme entwickelt, die auf Ereignisabläufen des täglichen Lebens basieren. Das heißt für mich jedoch nicht, daß die Computer im eigentlichen Sinn etwas wissen. Bei jeder Antwort treffen sie nur eine Wahl innerhalb eines begrenzten Spektrums von Möglichkeiten.

Sie denken wahrscheinlich an die Arbeiten von Roger Schank und Robert Abelson. Sie haben sogenannte »Skripts« programmiert, das sind Systeme von Annahmen über bestimmte Alltagssituationen, wie beispielsweise »Essengehen in ein Restaurant«, auf deren Basis der Computer dann weitere Schlüsse ziehen kann. Die Skripts haben für den Computer eine ähnliche Funktion wie Erinnerungen und Deutungsschemata für den Menschen: Sie bewirken ein situationsadäquates Reagieren. Wodurch werden solche Skripts eingeschränkt?

Es ist unmöglich, alles Wissen über eine reale Alltagssituation in ein System von Aussagen zu packen, alle relevanten Informationen niederzuschreiben. Die Welt ist zu komplex, man kann sie nicht vollständig beschreiben, man muß sie wahrnehmen.

Bleiben wir bei Schanks Skript, essen zu gehen. Vorgesehen ist, daß man in ein Lokal geht, sich umschaut, einen Tisch findet, sich hinsetzt und der Ober die Karte bringt. Das alles kann man natürlich in einen Computer einspeichern, doch egal, wieviel sie eingeben, es gibt immer noch ein bißchen mehr, das nicht berücksichtigt wurde. Sie haben zum Beispiel nicht erwähnt, daß der Boden des Restaurants fest ist und man darauf gehen kann. Nicht erwähnt wurde, daß die Stühle etwa 30 Zentimeter vom Tisch entfernt stehen und beweglich sind. Solche Informationen können in jedem Augenblick wichtig werden – dann nämlich, wenn der Ober mit der Suppe über einen Stuhl stolpert. Jeder weiß, was dann passiert, nur der Computer nicht, denn es steht nicht in seinem Skript. Egal, wie umfassend dieses Skript ist, der Mensch weiß eben mehr, weil er in der Wirklichkeit lebt und in ihr seine Erfahrungen gemacht hat.

Ich habe vor Jahren drei Aspekte genannt, in denen sich Computerprogramme und menschliches Denken unterscheiden: Menschen machen Erfahrungen und lernen daraus; menschliches Denken ist eng mit Gefühlen verbunden; und menschlichem Handeln und Denken liegen komplexe Motive zugrunde. Ein Computerprogramm macht im Gegensatz dazu keine Erfahrungen, hat keine Gefühle und ist geradezu monomanisch in seiner Einspurigkeit. Heute würde ich außer diesen drei Unterschieden noch einen vierten Aspekt nennen: Der Computer kann die Welt nicht wahrnehmen.

Es gibt eine Variante menschlichen Denkens, die der künstlichen Intelligenz ähnlich ist – und das ist die akademische Intelligenz. Denken Sie doch nur daran, wie man sich bei Intelligenztests verhalten soll. Vielschichtige Motive stören da nur. Das einzige legitime Ziel ist es, viele Punkte zu sammeln. Gefühle spielen keine Rolle, außer vielleicht das bittersüße Gefühl, das den Ehrgeiz begleitet. Es gibt keine Möglichkeit, Erfahrungen zu machen, etwas Neues zu entdecken, und es gibt kaum Verbindungen zur nichtakademischen Welt. Die von mir genannten drei Mängel der künstlichen Intelligenz sind auch hier vorhanden.

Wie unterscheidet sich die akademische Intelligenz von dem, was man den »gesunden Menschenverstand« nennt?

Das hängt mit der speziellen Situation der Schule zusammen. In der Schule wird von uns erwartet, daß wir unser Leben, so wie es ist, draußen vor der Tür lassen und Probleme lösen, die andere sich ausgedacht haben. Diese Probleme werden uns wahllos, ohne Bezug zur eigenen momentanen Situation, präsentiert. Sie sind eher auf der Ebene von Worten und Symbolen angesiedelt und befassen sich kaum mit den Dingen an sich oder mit aktivem Handeln. So wichtig diese Art von Denken sein mag, sie ist doch nur eine von vielen. Intelligenztests werden von Leuten konstruiert, die gut in der Schule waren, und dienen letzten Endes dazu, festzustellen, inwiefern andere den Erfindern dieser Tests ähnlich sind.

Warum werden Intelligenztests dann so oft verwendet und vor allem so ernst genommen?

Die Gründe haben wenig mit Wissenschaft, dafür um so mehr mit den allgemein akzeptierten Bedürfnissen der Gesellschaft zu tun. Man benutzt diese Tests für die »Auslese« von Menschen: um sie auszusondern oder bestimmten Berufen und Tätigkeiten zuzuordnen. Nur weil diese Tests den Bedürfnissen der Gesellschaft entgegenkommen, messen sie noch lange nicht eine bestimmte Qualität des menschlichen Denkens, etwa den Ursprung von Klugheit. Sie messen nur ganz bestimmte Eigenschaften und Fähigkeiten, die zufälligerweise in unserer Gesellschaft hoch geschätzt werden. Deshalb haben auch kognitive Psychologen so große Schwierigkeiten zu definieren, was Intelligenz wirklich ist. Es ist völlig sinnlos, zu fragen, wie Intelligenz funktioniert, weil es dieses Ding im Kopf gar nicht gibt und es deshalb auch nicht funktionieren kann. »Intelligenz« ist nichts weiter als ein beschreibender Begriff, eine Begriffsvorstellung, wie sie Menschen entwickeln, wenn sie etwas nur sehr oberflächlich verstanden haben.

Gibt es andere alltägliche Beispiele für solche Begriffe?

Stuhl, Baum, Vogel ... Eleanor Rosch von der *Berkeley University* hat sich mit dieser Art von Begriffen ausführlich befaßt. Wir verwenden sie ständig, ohne sie definieren zu können. Erst, wenn wir mehr über sie wissen, werden diese alltagssprachlichen Definitionen durch technischere ersetzt. Für einen Ornithologen ist Fliegen nicht unbedingt ein Kriterium für den Begriff Vogel. Seine Auffassung von Vögeln und die Begriffe, die er zu ihrer Beschreibung verwendet, unterscheiden sich wesentlich von unserem Begriff Vogel, mit dem wir normalerweise Fliegen verbinden. Fledermäuse beispielsweise fliegen und sind dennoch keine Vögel. Dagegen werden Kiwis zu den Vögeln gezählt, obwohl sie nicht fliegen können. Dieses Beispiel zeigt, wie grundlegende begriffliche Kategorien mit zunehmendem Wissen ihre Bedeutung verändern oder sogar völlig verlieren können.

Was hat das nun alles mit Intelligenz zu tun?

Auch zur Charakterisierung von Menschen werden solche alltagssprachlichen Begriffe verwendet. »Intelligenz« ist nur einer von vielen, es gibt tausend andere wie Ehrlichkeit, Anstand, Egoismus, Klugheit ... Wenn man sich abends nach einigen Gläsern Bier mit Freunden darüber streitet, was diese Begriffe wirklich bedeuten, merkt man erst, in welche Schwierigkeiten man dabei kommt. Dabei benutzen wir sie andauernd. Unsere Gespräche sind voll von Adjektiven, die wir nicht näher definieren können. Damit müssen wir leben.

Eleanor Rosch zeigt in ihren Arbeiten, daß den meisten Alltagsbegriffen und Kategorien klare definitorische Merkmale fehlen. Genauso argumentierte übrigens auch Wittgenstein. Wir benennen einen Gegenstand nach seiner Ähnlichkeit mit einem uns vertrauten Prototyp.

Versuchen Sie mal, den Begriff Sessel hieb- und stichfest zu bestimmen. Ist dieser Sitzsack hier ein Sessel oder nicht? Ob wir ihn so nennen wollen, richtet sich danach, wie ähnlich er dem ist, was wir bisher »Sessel« zu nennen gewohnt sind. Analog dazu nennen wir jemanden »intelligent«, wenn er unserem Prototyp, dem Ideal eines intelligenten Menschen, ähnelt. Und zu fragen, wie intelligent ein Mensch ist, wäre dann logischerweise gleichbedeutend mit der Frage, wie »sesselig« ein Sofa ist. Beide werden nach ihrer Ähnlichkeit mit dem Prototyp bewertet.

Kann man dann Intelligenz überhaupt messen?

Es gibt eine Reihe menschlicher Leistungen wie Probleme lösen, schlußfolgern, lesen, die man untersuchen und messen kann. Doch keine ist gleichbedeutend mit dem, was heute unter Intelligenz verstanden wird. Wenn wir Glück haben, erfahren wir bei unseren Untersuchungen etwas mehr über die Voraussetzungen zum Lösen von Problemen oder zu anderen Leistungen, über Intelligenz aber erfahren wir nichts. Intelligenz ist eben kein Ding an sich, kein Objekt, das wir studieren könnten.

Und wieso haben das die Leute, die sich mit Intelligenz befassen, noch nicht gemerkt?

Daran ist Edward Boring, der Experimentalpsychologe, bei dem ich meine erste Psychologie-Vorlesung besuchte, nicht ganz unschuldig. »Intelligenz ist das, was Intelligenztests messen«, formulierte er. Diese Formel haben viele dazu benutzt, jedes weiterführende Nachdenken über Intelligenz zu vermeiden. Diese Definition, die sich im Kreis dreht, hatte tatsächlich zur Folge, daß man es nicht der Mühe wert fand, zu analysieren, was Intelligenztests denn nun wirklich messen.

Wenn also Intelligenz das ist, was Tests messen, wie interpretieren Sie die Tatsache, daß einige Randgruppen – beispielsweise die Schwarzen in den Vereinigten Staaten – schlechtere Ergebnisse erzielen?

Die einfachste Antwort auf diese Frage besteht darin, die Verantwortung dafür den Mitgliedern dieser Minderheiten selbst zuzuschieben – vor allem dann, wenn man Borings Formel dazu benutzt, nicht weiter über die Beziehung zwischen Test und Schulbildung nachdenken zu müssen. So kam es ja zur sogenannten »Defizithypothese«, der Annahme also, daß mit den schlechter abschneidenden Kindern etwas nicht stimmen kann. Hat man diese Hypothese einmal akzeptiert, leiden alle darauf aufbauenden Theorien und Forschungsarbeiten automatisch unter diesem implizierten Vorurteil. Schon die Frage, was mit den schwarzen Kindern los ist, beruht ja auf der Annahme, *daß* etwas mit ihnen los ist. Dadurch wird die Ursache des Problems im einzelnen Kind gesucht. Da die Frage von vornherein falsch gestellt ist, kann es keine anständige Antwort geben.

Und »unanständige« Antworten, gibt es die?

Sicher. Ihr Spektrum reicht von kulturbedingten bis hin zu genetisch begründbaren Defiziten. Einer der einflußreichsten Propagandisten für die angeblich genetisch bedingten Unterschiede ist Arthur Jensen. Seine Schlußfolgerung: Die festgestellten Defizite der Schwarzen sind in der genetischen Ausstattung zu suchen, bequemerweise also an einer Stelle, die außerhalb der Reichweite jeglicher sozialen Reformen liegt. Durch Jensens Argumente ist unter den Sozialwissenschaftlern und Politikern ein Klima von Angst entstanden – Angst, er könnte vielleicht doch recht haben. Ich kenne viele Intellektuelle, die entgegen ihren eigenen Hoffnungen und Wünschen meinen, Jensens Argumenten nichts entgegensetzen zu können. Viele haben enfach aufgehört, über soziale Ungerechtigkeit und über Erziehung, die auch Minderheiten gerecht wird, nachzudenken.

Glücklicherweise gilt das nicht für alle. Einige der originellsten Arbeiten kommen aus dem Kreis der schwarzen Forscher selbst. Bei einer Konferenz 1982 berichtete der nigerianische Anthropologe John Ogbu über seine Feldforschung an amerikanischen Schulen. Schulen sind ein Abbild der Gesamtgesellschaft, und Ogbu begreift die amerikanische Gesellschaft als ein Kastensystem. Solche Systeme gibt es nicht nur in Indien, woher der Begriff stammt, sondern in vielen Ländern, wenn auch in unterschiedlicher Ausprägung. In den USA ist das Kriterium der Rasse ein entscheidender Faktor für die Unterteilung der Gesellschaft in Kasten. In anderen Ländern sind es andere Kriterien. Allen Kasten-Gesellschaften aber ist eins gemeinsam: Die Angehörigen der untersten Kaste schneiden in den Schulen am schlechtesten ab. Dort, wo es Ergebnisse von Intelligenztests gibt, liegen die untersten Kasten etwa 15 Punkte unter dem Durchschnitt. Die Unterschiede sind also nicht in einer angeborenen Minderwertigkeit der Schwarzen zu suchen, sondern sie sind ein weltweites Phänomen von Kasten-Gesellschaften.

Einer meiner Studenten, Reginald Gougis, argumentiert wieder anders: Er hat herausgefunden, daß die emotionalen Auswirkungen von Rassenvorurteilen wahrscheinlich viel enger mit den schlechten Leistungen von schwarzen Schülern zusammenhängen, als bisher angenommen wurde. Vorurteilen ausgesetzt zu sein ist eine Erfahrung, die Menschen viel zu schaffen machen kann. Niemandem fällt es leicht, sich in einer feindseligen Umgebung auf geistige Arbeit zu konzentrieren. Jensens Hypothese von der angeborenen Minderwertigkeit Schwarzer bewirkt doch im Grunde nur, daß sich das Bildungsestablishment der Verantworung entziehen kann und die Lehrer aus der Schußlinie geraten.

Eine weitere dieser »unanständigen« Antworten besteht in der Annahme, Kinder, die nicht gut lernen oder aufsässig in der Schule sind, seien selbst schuld. Von einem Kind werden heute in der Schule vor allem zwei Dinge erwartet: Es soll den vorgeschriebenen Stoff lernen, und es soll sich anständig verhalten. Was für ein seltsamer Zufall, daß wir in den vergangenen Jahren auch gleich zwei neue Kinderkrankheiten entdeckt haben: Die eine, die Lernbehinderung, hält sie vom Lernen ab, die andere, die Hyperaktivität, verhindert, daß sie sich in unserem Sinne »benehmen«.

Immer, wenn die Verantwortlichen mit irgend etwas Probleme haben, stellt sich heraus, daß die Ursache dafür bei den Schülern zu suchen ist. Die Aufmerksamkeit wird vom Bildungssystem abgelenkt und die Schuld den Opfern in die Schuhe geschoben. Jensen ist nur einer von vielen, die so denken. Seine Hypothese ist wahrscheinlich die übelste, weil sie dem Rassismus Vorschub leistet. Und Rassismus ist schlimmer als die Etikettierung »lernbehindert«. Doch ist auch diese Etikettierung für die Betroffenen nicht gerade angenehm.

Heißt das, man müßte sich Kindern gegenüber, die als »lernbehindert« oder »hyperaktiv« etikettiert werden, nur anders verhalten, und schon hätten sie diese Probleme nicht mehr? Sie würden keine Buchstaben mehr verdrehen oder wären nicht mehr unruhig?

Nein, das habe ich damit nicht sagen wollen. Es wird natürlich immer Unterschiede geben darin, wie gut jemand rechnen, lesen oder schreiben kann. Nur brauchen manche eben mehr Unterweisung als andere. Vielleicht schaffen sie auch mit mehr Anleitung nicht dasselbe Niveau wie andere, aber deswegen sind sie doch nicht krank. Was sie brauchen, ist Anleitung, nicht Behandlung. Wenn man nicht lesen kann, ist das beste Mittel dagegen immer noch Unterricht, und wenn man Probleme im Rechnen hat, braucht man mehr Mathematik-Stunden. Was hier allein hilft, ist mehr Anleitung in den Problembereichen.

Das klingt, als wären Sie ein Anhänger der Richtung, die bei Menschen eher spezifische Fähigkeiten in bestimmten Bereichen annimmt, als nach einer zentralen Fähigkeit »Intelligenz« zu suchen?

Das stimmt. Ich glaube, daß es unterschiedliche Fähigkeiten auf speziellen Gebieten gibt, ganz spezifische Talente – vielleicht Tausende oder Zehntausende. Nur sind sie nicht ganz unabhängig voneinander: Wer beispielsweise gut Klavier spielen kann, hat meist ein gutes Gedächtnis für Melodien und lernt sicher auch leichter, ein anderes Instrument zu spielen.

Wie sollte man Ihrer Meinung nach Intelligenz sinnvoller untersuchen?

Ich halte es für konstruktiv, Experten und Anhänger bei bestimmten Tätigkeiten zu vergleichen, wie es ja in jüngster Zeit schon gemacht wird. Ein Experte – ob Schachgroßmeister oder Mathematikgenie – tut etwas Reales, das man beobachten und beschreiben kann. Nur Intelligenz *an sich* kann man nicht beobachten, weil sie nur ein Konstrukt ist, eine Dimension in einem Persönlichkeitsmodell. Wenn dagegen jemand versucht, eine bestimmte Sache besonders gut zu machen, kann man herausfinden, *wie* er das macht.

In meinen eigenen Experten-Untersuchungen war mir besonders daran gelegen, die objektiven Eigenschaften der Dinge, mit denen Experten umgehen, zu erfassen. Die meisten anderen Untersuchungen – zum Beispiel die von Chase oder Simon – konzentrieren sich darauf, was in den Köpfen der Experten vorgeht. Doch auch ungewöhnliche Leistungen existieren ja nicht im luftleeren Raum, sondern beziehen sich immer

ULRIC NEISSER

Ulric Neisser wurde 1928 in Kiel geboren, verließ Deutschland jedoch mit seinen Eltern bereits als Dreijähriger. Kindheit und Jugend verbrachte er in New York und in Philadelphia, USA.

In Harvard begann er das Psychologiestudium, machte später seinen Master of Arts am *Swarthmore College,* setzte sein Studium am *Massachusetts Institute of Technology (MIT)* fort, um schließlich in Harvard zu promovieren. Seine erste Publikation erschien ausgerechnet im JOURNAL OF PARAPSYCHOLOGY, noch bevor er seinen Master of Arts gemacht hatte. Am *Swarthmore College* experimentierte er in streng behavioristischer Manier mit Ratten, am MIT befaßte er sich hauptsächlich mit akustischer Wahrnehmung.

In Harvard schließlich promovierte er über ein abwegiges Problem: »The Quantal Hypothesis in Auditory Psychophysics«.

Nach seiner Promotion ging er an das Psychologische Institut der *Brandeis University* – und hier begann seine eigentliche Karriere. Ermutigt durch Abraham Maslow, heute einer der wichtigsten Vertreter der Humanistischen Psychologie und damals Leiter des Instituts, begann Neisser die Gedankengänge zu entwickeln, die schließlich zu »Cognitive Psychology« führten – dem Buch, das diese neue Richtung begründete und nach dem sie auch benannt wurde.

Als Ulric Neisser 1967 zur *Cornell University* überwechselte, schlug ihm eine Woge der Begeisterung entgegen. Sein Buch war für viele, wie er selbst sagt, »ein Licht in den dunklen Tagen des Behaviorismus«. Doch kaum hatte er sich an der *Cornell University* etabliert, begann er bereits, die Richtung, in die sich die kognitive Forschung entwickelte, in Frage zu stellen. Das führte 1976 zur Veröffentlichung seines zweiten Buches »Cognition and Reality«.

Neisser nennt diese Arbeit mit ironischem Unterton »das Buch, das meinen Ruf als kognitiver Psychologe ruiniert hat«. Er glaubt allerdings, daß in seinem Buch »Memory Observed: Remembering in Natural Contexts«, 1982 (Das beobachtete Gedächtnis: Erinnern in natürlichen Zusammenhängen) die Notwendigkeit einer ökologischen Betrachtungsweise kognitiver Vorgänge wesentlich deutlicher wird als in »Kognition (Erkenntnis) und Wirklichkeit«.

auf etwas, einen bestimmten Ausschnitt oder Teil der Realität. Man ist entweder gut im Schach, gut beim Tennis oder ein guter Bildhauer. Und was immer man tut, ist abhängig von den realen stofflichen Eigenschaften des Marmors, des Schlägers und des Balles oder von den Regeln des Schachspiels und den Möglichkeiten, die sie eröffnen. Ungewöhnliches Können besteht zu einem wesentlichen Teil daraus, das Material oder Medium, mit dem man arbeitet, kennenzulernen und zu berücksichtigen. Seine Möglichkeiten sind objektiv gegeben, man kann sie nicht erfinden. Wirkliche Könner kennen auch die Grenzen des Mediums.

Aber es gibt auch Könner wie Picasso beispielsweise, die diese Grenzen gesprengt haben, und zwar weit über das hinaus, was man für möglich gehalten hatte.

Sicher. Das ist ein Teil dessen, was Genialität ausmacht. Das Genie sieht Möglichkeiten, die andere nicht erkennen, die aber objektiv vorhanden sind. Picasso hat Möglichkeiten eröffnet, an die andere nicht einmal im Traum gedacht haben. Wenn man sein Können verbessert, lernt man ja nicht nur sein Medium besser kennen, sondern man verbessert auch seine Fähigkeit zu koordinieren. Das kann übrigens ganz ohne körperliche Anstrengungen geschehen – allein durch mentales Training, zum Beispiel wenn man »im Geist« Tennis spielt. Eine Studentin von mir, Georgia Nigro, hat Untersuchungen mit mentalem Training beim Dart-Spielen (Pfeilwerfen) gemacht. Dabei zeigte sich, daß sogar ein großer Unterschied darin besteht, was man sich geistig vorstellt. Alle Versuchsteilnehmer sollten in ihrer Vorstellung Pfeile auf eine Zielscheibe werfen – die einen direkt von der Startlinie, die anderen von einem günstigen Beobachter-Standpunkt aus. Bei einem Vergleich der beiden Gruppen zeigte sich, daß nur die erste Gruppe wesentliche Lernfortschritte gemacht hatte. Vielleicht läßt sich das nicht verallgemeinern.

Bei anderen Aktivitäten – bei Gymnastik oder beim Schautauchen, wo es auch auf die Schönheit der Bewegung und damit auf die Wirkung nach außen ankommt – mag es hilfreich sein, sich selbst auch aus der Beobachterperspektive vorzustellen.

Stehen Sie mit Ihrer Methode, menschliche Leistung nicht im Labor, sondern in der realen Umgebung zu untersuchen, nicht ziemlich allein da?

Ich glaube schon. Die überwiegend experimentell ausgerichtete kognitive Psychologie betrachtet die menschlichen Fähigkeiten aus einer ziemlich engen akademischen Perspektive. Den Versuchspersonen in den Labors werden in der Regel sehr realitätsferne, testähnliche Aufgaben gestellt. Sie sollen Punkte zählen, Eigenschaften zuordnen oder Formen vergleichen. Das hat ihnen nicht langweilig zu werden. Sie dürfen sich nicht fragen, ob das Experiment einen Sinn hat, dürfen nicht so antworten, wie sie Lust haben – und sie dürfen schon gar nicht aufhören. Obwohl das wahrscheinlich die intelligenteste Reaktion wäre.

Warum bestehen Sie eigentlich so sehr auf der »ökologischen Validität« – also darauf, Menschen in ihren alltäglichen Lebenszusammenhängen zu beobachten?

Die psychologische Forschung kommt meiner Meinung nach eher den Bedürfnissen der Psychologen entgegen als denen der Menschen, die erforscht werden sollen; Psychologen kategorisieren Menschen, ordnen sie in Schubladen ein. Sie reduzieren dabei geistige Prozesse und bringen sie auf den einfachsten Nenner. Die Erklärung für ein Phänomen heißt dann: »Das ist alles Assoziation« oder »alles Konditionierung« oder »alles X«, wobei unter »X« zu verstehen ist, was gerade in der Psychologie in Mode ist. Was immer »X« sein mag und wie sinnvoll auch immer die Experimente zur Etablierung von »X« gewesen sein mögen – man wird durch einen solchen Ansatz allein nie dem im Alltag denkenden, fühlenden und handelnden Menschen gerecht werden können. Die herrschenden Ansichten in der Psychologie greifen meistens zu kurz, wenn das wirkliche Leben dargestellt werden soll. Deshalb werde ich sofort unruhig, wenn ich merke, daß meine Meinung mit der herrschenden übereinstimmt. Man muß immer wieder den Menschen selbst zuhören und sich von ihnen sagen lassen, wie sie die Dinge erleben.

Den Leuten auf der Straße?

Ja genau. Hören Sie doch einmal auf Ihre eigenen Erfahrungen oder auf die von anderen. Sie werden schon merken, wo Ihr Gedächtnis nicht so funktioniert, wie theoretisch angenommen, weil in der Theorie möglicherweise wichtige Aspekte der tatsächlichen Erfahrung außer acht gelassen wurden. Wenn die Psychologie den Menschen aus seiner unmittelbaren Umwelt herauslöst, engt sie ihre eigene Perspektive zu stark ein.

Die menschliche Natur ist kompliziert und reizvoll, und wir können noch viel mehr über sie erfahren, als wir bisher wissen. Ich bin allergisch gegen Leute, die meinen, sie wüßten schon alles und brauchten dieses Wissen nur noch in simple Lehrsätze zu fassen. Ich bin ziemlich sicher: genau das ist immer und überall falsch. Menschen sind keine Maschinen. Geistiges Leben kann nicht mit der Lösung von Tests verglichen werden. Wir fangen doch gerade erst an zu ahnen, welche Fülle und Vielfalt das Leben in unserer komplexen Welt haben kann.

(Mit Ulric Neisser sprach Daniel Goleman)

MANÈS SPERBER

»Psychisches Glück ist eine Überwindungsprämie«

Manès Sperber ist der deutschen Öffentlichkeit vor allem als Autor von Romanen (»Wie eine Träne im Ozean«) und Essays (»Zur Analyse der Tyrannis«) bekannt. Daß er in früheren Jahren »ein besessener Psychologe« war, Schüler, Mitarbeiter und Biograph Alfred Adlers, ist weniger bekannt. In der Auseinandersetzung mit Alfred Adler entwickelte Sperber eine »marxistische Individualpsychologie«. Theorie und Praxis dieser Psychologie formulierte er in einem Buch, das 1933 nicht mehr erscheinen konnte.

Es ist selten, daß ein Buch 45 Jahre nach seiner Entstehung veröffentlicht wird. Ihr Buch »Individuum und Gesellschaft« hatten Sie 1934 abgeschlossen. Es ist ein Dokument Ihrer Arbeit als Psychologe. Jetzt ist es erschienen, und Sie stehen, wie Sie sagen, auch heute noch zu 90 Prozent hinter dem, was Sie damals formuliert haben. Was aber würden Sie zurücknehmen, wo würden Sie heute Abstriche machen in Ihrem Versuch einer sozialen Charakterologie?

Ich habe damals der Familie alle Kompetenz, alle Zukunft abgesprochen, habe sie als Institution abgelehnt. Das würde ich heute nicht mehr tun. Ich glaube, daß die Erfahrung zeigt, daß eine autoritätslose Erziehung durchaus mit der erzieherischen Aufgabe der Familie vereinbar ist.

Damals habe ich auch an die Unausweichlichkeit der revolutionären Entwicklung geglaubt. Inzwischen sind über 60 Jahre seit der russischen Revolution vergangen, soundsoviele Jahre seit anderen Experimenten. Ich glaube keineswegs mehr, daß Revolution das einzige und sichere Mittel zur Verbesserung der Lage der arbeitenden Menschen ist. Ich bin inzwischen zu der Überzeugung gelangt, daß mit Gewalt herbeigeführte soziale Verhältnisse gewöhnlich für lange Jahre Gewaltmenschen an die Macht bringen.

Die mit Gewalt veränderten Besitzverhältnisse schaffen gewöhnlich keinen neuen Zustand, es werden nur die Ärsche auf den Stühlen oder Thronen gewechselt, die Throne werden aber nicht wirklich umgestürzt.

Ihre Psychologie war damals sehr politisch orientiert – vor allem wohl dadurch, daß Sie Schüler Alfred Adlers waren, dessen Individualpsychologie implizit ja stark auf politische Kategorien wie Macht, Gemeinschaft ausgerichtet ist.

Sagen wir, es ist eine soziale Psychologie, eine Psychologie, die davon ausgeht, daß der Mensch, obschon biologisch, sozial, seelisch ein Einzelwesen, ein »Ich«, dennoch unbegreiflich bleibt, wenn er nicht in seiner gesellschaftlichen Bezogenheit und in Anbetracht der vorherrschenden sozialen und ökonomischen Verhältnisse erforscht wird. Ich möchte das an einem Beispiel erläutern: Als ich ein Kind war, in einem bürgerlichen

Haus aufwuchs, da war es selbstverständlich, daß die Frauen im Haus jeweils eine Woche im Monat »Schwierigkeiten« hatten; das Schlafzimmer wurde verdunkelt, und man mußte auf ihren Zustand Rücksicht nehmen. Aber im selben Haus waren auch Dienstmädchen, um deren Menses sich niemand kümmerte, die schleppten zum Beispiel die Wäsche auch während der Periode zum Fluß und arbeiteten auch sonst so hart wie gewöhnlich. Nach dem Ersten Weltkrieg und den gesellschaftlichen Umwälzungen, die er mit sich brachte, stellte man dann fest, daß auch für »bessere Damen« die Menses kein rechtes Hindernis sind, sie spielten plötzlich Tennis, das verdunkelte Zimmer brauchten sie nicht mehr.

Einer der Ausgangspunkte der deutenden, therapeutischen Psychologie ist ja die Hysterie gewesen. Diese Hysterie finden Sie heute auch nur noch höchstens in zurückgebliebenen Provinzen, als typisches Krankheitsbild ist sie kaum noch existent. Warum? Das läßt sich nicht biologisch erklären, das ist ein *soziales* Phänomen.

Die Neurose ist beispielsweise ein Resultat der kapitalistischen Gesellschaftsordnung, das habe ich in meiner Psychologie auch immer betont, vielleicht zu sehr betont. Ich glaube aber nicht, daß es heute mehr Neurosen gibt als früher – früher wurden die Neurosen nicht als solche erkannt oder ernst genommen, weil sie noch keine so lebensgefährdende oder lebensstörende Bedeutung hatten wie heute. Auch wer in seiner Familie aufwuchs, konnte durchaus neurotisiert werden, aber er blieb in der Regel im Elternhaus, übernahm den Beruf des Vaters, seine neurotische Asozialität wurde nie auf die Probe gestellt. Heute üben die meisten Menschen ihren Beruf nicht mehr innerhalb der Familie, der eigenen Werkstatt aus, sondern in Büros oder Fabriken, wo eine ununterbrochene Erprobung der Sozialität praktisch unvermeidlich ist. Das Soziale ist also die Grundlage dieser Psychologie. Natürlich ist sie auch politisch, indem sie fundamental antiautoritär ist. Sie bestreitet, daß man Menschen das Leben lehrt, indem man ihnen ein Gefühl der Unterlegenheit gibt und zugleich für sich selbst Herrschaftsansprüche erhebt. All das Positive am Menschen kommt aus seinem *Mitmensch-Sein,* aus seiner Teilhabe an seiner Gemeinschaft, nicht aus dem *Nebenmensch-Sein.* Unser

Antiautoritarismus beruht auf der schicksalhaften Vergesellschaftung jedes Menschen. Wenn Sie ein Buch schreiben, schreiben Sie es im Hinblick auf andere Menschen – selbst von Tagebüchern hofft man, daß sie eines Tages gelesen werden.

Was immer den Menschen seines Selbstwertgefühls beraubt, das sehen wir als seelisch zerstörerisch und pädagogisch vernichtend an.

Sie haben im Wien Adlers und Freuds als Psychologe gearbeitet. Was ist dran an dem Satz, daß die drei Großen der Psychoanalye, Freud, Adler und Jung, jeweils typische Vertreter ihrer sozialen Schicht waren, daß ihre Theorie gefärbt war von ihrem jeweiligen sozialen Hintergrund: Freud der Vertreter einer intellektuellen Mittelschicht, die ständig Anpassungsleistungen bringen mußte; Jung, aus religiösem Hause stammend, der Schöngeist mit religiösen, metaphysischen und philosophischen Konzepten; Adler der Vertreter der Unterschicht, der Klasse, die mit Hilfe des politischen Kampfes einen sozialen Aufstieg schaffen wollte?

Ich warne mit Jacob Burckhardt vor den *terribles simplificateurs.* Die Unterschiede zwischen Freud, Jung und Adler sind definierbar, aber das ist nicht so einfach. Die Klientel war bei allen dreien dieselbe. Für Freud gilt, daß er sexuelle Dinge spruchreif gemacht hat. Er hat die Sexualität nicht entdeckt oder erfunden, aber dank ihm ist dem Sexuellen die Rolle zuerkannt worden, die ihm gebührt. Und diese Leistung kam natürlich allen Schichten zugute, die dem Druck der traditionellen Sexualmoral ausgesetzt waren.

Sein Irrtum war, daß er die ganze Geschichte der Menschheit sozusagen auf Schlafzimmererlebnisse reduzierte. Natürlich gibt es Fälle, die man als Ödipus-Komplex beschreiben könnte, natürlich kann es auch eine libidinöse Fixierung des Sohnes an die Mutter geben. Doch ist sie nicht sehr häufig und überdies nicht dauerhaft. Freud hat den Kampf der Generationen, der etwas ganz Normales ist, auf eine Schlafzimmergeschichte reduziert, zum Beispiel auf den Kampf des Sohnes gegen den Vater um die Gunst der Mutter.

Von Alfred Adler stammt die Einsicht, daß das Wesen der Autorität und der Generationsproblematik nicht mit einem ödipalen Eltern-Kind-Konflikt zusammenhängt, sondern daß die ältere Generation die jüngere autoritär behandelt und ihr das Recht auf den eigenen Willen bestreitet. Natürlich besteht zwischen dem Kind und den Eltern ein Abhängigkeitsverhältnis, das in der Tat nicht ganz aufzuheben ist, aber die elterliche Autorität sollte nicht herrschsüchtig sein, sondern im Gegenteil die Selbständigkeit der Kinder fördern. Carl Gustav Jung war ein bedeutender Psychologe, der viel zur Entwicklung der Psychoanalyse beigetragen hat. Von allen dreien war Jung derjenige, der philosophische Fragen, Existential- und Daseinsfragen am genauesten untersucht hat. Auch er kam wie Alfred Adler zu dem Schluß, daß hinter der Eltern-Kind-Beziehung mehr steckt als das, was Freud daraus ableitet. Seine Theorie des kollektiven Unbewußten hat aber mit der Adlerschen Lehre vom Gemeinschaftsgefühl nichts zu tun.

Man kann gewisse, sozial determinierte Zusammenhänge entdecken. So stößt man im Falle von Freud und Adler auf die Verschränkung von Judentum und Österreichertum. Man hat daher von der *Jewish Science* gesprochen und könnte auch von einer *Austrian Science* sprechen. Die jüdischen Familien lebten in einer unduldsamen, zuweilen feindseligen Umwelt, die Kinder wuchsen in einer überhitzten Atmosphäre auf, wie man sie bei Minoritäten häufig findet. Diskriminierte oder unterdrückte Schichten erkennen leichter den falschen Glanz der Herrschenden und bezweifeln früher als andere die sittliche Legitimität der Machthaber. Somit war das jüdisch-intellektuelle Bürgertum von Haus aus zwar nicht revolutionär wie etwa das Proletariat, obwohl es auch das gegeben hat, aber immer eine treibende Kraft der Veränderung.

Mich würde interessieren, wie Sie als Psychologe gearbeitet haben. Wie haben Sie dieses Adlersche »Bezogensein auf andere« in der Praxis umgesetzt? Was heißt es beispielsweise, wenn ein Psychologe »dialektisch« vorgeht?

Ein Psychologe ist jemand, der das, was er dem anderen sagt, immer auch für sich selbst gelten läßt. Der Mensch ist nicht nur ein Objekt, sondern Subjekt. Der Psychologe ist nicht einfach ein Gegenüber, ein Objekt oder Subjekt, sondern beides ist vereinbar. Erst das kann man eine Beziehung, ein Bezogensein nennen. Das ist ein Kern Adlerscher Psychologie, aber das kommt eigentlich schon von Sokrates her.

Ein zweiter wichtiger Punkt wäre, daß das Gespräch zwischen Psychologe und Patient so verläuft, daß der andere mitdenken kann, daß immer eine gemeinsame Verständigungsstufe erreicht wird. Das heißt, daß Psychologie eine dialogische Forschung ist und die Psychotherapie ein dialogischer Beruf. Es kann nicht nur das gelten, was der Psychologe sagt, das wäre diktatorisch. Ein Psychologe, der zögert zuzugeben, daß auch der Patient recht haben kann, ist ein sehr schlechter Therapeut.

In einer Ihrer Vorlesungen haben Sie davon gesprochen, daß sich der Psychologe in der Therapie wie ein Arzt zurücknehmen muß, daß er in keiner Weise Psychologie mit Ethik verwechseln darf, daß er seine eigenen Normen nicht vorschreiben soll.

Sie können den Mann von der Bahnhofsauskunft fragen, wann ein Zug nach Berlin geht, sie können fragen, welche Verbindung am günstigsten ist, wo man umsteigen muß und so weiter. Welchen Zug Sie dann nehmen, ob Sie überhaupt fahren oder ob Sie Ihr Fahrziel ändern, das liegt bei Ihnen. – Ich halte im Zusammenhang mit der Psychotherapie auch schon das Wort Heilung für falsch und das Wort Patient für irreführend. Es handelt sich nicht um Heilung durch einen Heiler, sondern darum, Menschen, die sich selbst scheinbar unüberwindliche Schwierigkeiten bereiten, zu helfen. Sie sollen die Fähigkeit gewinnen, aus eigenem Entschluß zu tun, was sie im Sinne einer vernünftigen Einschätzung ihres Lebens als zweckdienlich und erstrebenswert ansehen. Die Autorität des Auskunftsbeamten am Bahnhof ist nur eine Wissensautorität. Der Psychologe ist in gewissem Sinne ein solcher Auskunftsbeamter.

Andererseits ist es wahr, daß jede Beziehung eine Erziehung ist, ein erzieherisches Bezogensein, das nicht nur einseitig verläuft. Und wenn Sie es mit jemandem zu tun haben, der sein Leben selbst sabotiert, muß er natürlich beeinflußt werden, vernünftiger zu leben. Ich würde sagen, daß es leicht zu erkennen ist, was im Rahmen des Einsehbaren für eine bestimmte Person das richtigere, ich sage nicht das richtige, sondern das richtigere Tun wäre im Hinblick auf ein gewähltes Ziel. Aber es genügt nicht, daß Sie ihm das sagen, das bleibt meist sehr unwirksam. Es geht darum, ihn dahin zu bringen, daß er aus seiner eigenen Machtvollkommenheit sich zu diesem Weg entschließt. Auch darin liegt das Unautoritäre dieser Psychologie. Ich würde schon sagen, daß eine so verstandene Psychotherapie Erziehung ist, aber eine Erziehung, die den Menschen fähig macht, sich selbst zu erziehen. Wir sind keineswegs neutral im Sinne von Einsicht, aber wir sind neutral im Hinblick auf die Rolle, die dem Psychologen zusteht.

Die Behandlung eines Neurotikers ist keine einfache Sache. Man kann davon ausgehen, daß der Therapeut selbst auch nicht so unneurotisch ist, sondern gewissermaßen mit seinem Patienten in einem Boot sitzt. Es ist auch keineswegs sicher, daß der Psychologe solche Lebenskenntnis hat, um im geeigneten Augenblick die bessere Einsicht zu beweisen. Es gibt immer nur Annäherungen zur Wahrheit, aber diese Annäherung wird nur über den Dialog gewonnen.

Der Psychologe ist also kein Modell beziehungsweise Vorbild für den Patienten?

Ich glaube nicht an Modelle. Das Wort ist zwar sehr beliebt geworden, aber es kommt aus dem Technischen. Menschliche Verhältnisse und menschliche Beziehungen lassen sich nicht als Modelle konstruieren. Die Einzigartigkeit jedes Menschen ist nicht in einem Modell abzubilden. Alle Menschen sind sich unheimlich ähnlich, und keine zwei Personen sind jemals gleich gewesen. Adler hat das leidende Individuum so genommen, und wir haben es so von ihm gelernt und versucht, ihm nachzutun, als ob wir jemandem begegnen, der aus irgendeinem Grunde in der Erziehung steckengeblieben ist. Wir wissen, daß diese Erziehung nicht von einem anderen vollendet werden kann, nur von ihm selbst. Wir können ihm nur die für diese Bewältigung förderlichen psychologischen Einsichten zur Verfügung stellen. Jeder Mensch muß sich entscheiden, wie er und was er geben und nehmen will. Er muß zum Miteinander kommen, das Neben- oder Gegeneinander überwinden. Ich will Ihnen ein Beispiel aus der Praxis von Alfred Adler erzählen: Wenn jemand zu ihm kam, der als manisch-depressiv etikettiert werden konnte, so bestätigte ihm Adler zunächst, daß das schon sehr schwierig sei, was der arme Mensch durchmachen müsse. Aber er, Adler, wisse vielleicht ein Mittel, wie er sehr schnell zu kurieren wäre. Allerdings wäre es eine Roßkur, die der Patient wahrscheinlich nicht durchstehen könne. Natürlich bestand der Patient nun darauf, diese Methode kennenzulernen. Adler: »Wenn Sie unbedingt wollen, werde ich sie Ihnen verraten ... Sie denken jetzt im Augenblick ununterbrochen an sich und Ihren Zustand. Von morgen ab beginnen Sie damit, sich nicht ständig die Frage zu stellen, was Sie für sich und gegen Ihren Zustand tun können, sondern was Sie für irgend jemanden tun können, womit Sie irgend jemandem eine Freude machen können. Wenn Sie Ihre Gedanken zwei Stunden am Tag auf diese Frage konzentrieren, dann garantiere ich Ihnen, daß Sie sehr schnell geheilt sein werden.

Sie leben jetzt in sich selbst gebogen, verbogen und denken an nichts anderes als an Ihr Leiden. Ich sage Ihnen, daß Sie aus dieser Stellung hochkommen können, wenn Sie das befolgen, was ich Ihnen vorgeschlagen habe.«

Diese dialektische Methode wurde von Adler immer wieder angewandt: Eine Mutter hatte Probleme mit ihrem Kleinkind, das in der Trotzphase steckte. Jedesmal, wenn sie den täglichen Spaziergang mit ihm machen wollte, weigerte sich das Kind, brüllte und tobte. Adler sagte der Mutter: »Wenn Sie morgen wieder Ihren Spaziergang machen wollen, fordern Sie Ihr Kind vorher auf, doch schon mal zu toben, denn nun wäre es Zeit, den Mantel anzuziehen. Nun sollte es sich auf den Boden werfen, das wäre der richtige Augenblick.« Als die Mutter das dem Kind vorschlug, schaute es die Mutter entsetzt an und war verblüfft. Das war doch seine Waffe, was hatte die Mutter daraus gemacht?

Heute nennen das die Kommunikationstherapeuten paradoxe Intention.

Ja, im Prinzip ist es nichts anderes, als daß die Mutter nicht ihre Rolle spielte, die ihr das Kind zugewiesen hatte.

Für Adler war übrigens der Humor von großer Bedeutung. Das ist leider heute eine relativ seltene Sache geworden. Humor ist, etwas zu durchschauen, die Sache selbst, aber auch ihren Schatten, ihre andere Seite zu sehen. Im Beispiel von Trotz: Man kann eigentlich sehr wenig direkt dagegen machen. Sie müssen das Spiel verweigern. Trotz beruht darauf, daß eine Gegenkraft existiert. Er hängt aber in der Luft, wenn diese Gegenkraft plötzlich nicht mehr da ist. Ich könnte Ihnen Hunderte solcher Beispiele geben, sie kreisen um das Fundamentalwort Beziehung, Bezogensein. Dieses Bezogensein ändern, ein wenig verstellen nach links oder rechts, und Sie haben eine ganz andere Situation.

Adlers und Ihre Psychologie ist also eine Erziehungs- und damit auch eine Entwicklungspsychologie. Für Adler bedeutet Entwicklung der Persönlichkeit ja vor allem das Überwinden von Defiziten und Minderwertigkeiten …

Wir haben die entscheidenden Erlebnisse in einem Alter, wo wir das Wahrgenommene, das Erlebte sehr oft falsch deuten, mißdeuten und mißverstehen. Aufgrund dessen, was ein Kind von Geburt an erlebt, und wie es das, was es erlebt, versteht, geht es daran, sich ein Persönlichkeitsideal zu bilden und damit, kaum bewußt, Zukunftsziele zu setzen. Man bestimmt sein Handeln im Hinblick auf eine Richtung, in die man sich bewegt, bewegen will, um das gesetzte Ziel zu erreichen. Die Voraussetzung dafür ist allerdings, daß man im Leben und in seinem Tun einen Sinn findet. Übrigens fallen im Deutschen, aber auch in anderen Sprachen, Ziel, Zweck und Sinn zusammen: Das Ganze nennt man Lebenszweck oder Sinn des Lebens. Sprechen wir also von Ursachen, von Kindheitserlebnissen, die Bedeutung haben. Wenn Sie sich selbst einmal befragen, so auf Anhieb befragen, welche Kindheitserinnerungen Sie haben, so werden Sie mit Erstaunen feststellen, daß das, was erinnert wird, zumeist völlig unerheblich scheint, also anders, als es gemäß der Freudschen dramatisch-traumatologischen Auffassung sein müßte.

In meiner Praxis begegnete ich häufig Erinnerungen dieser Art: Das Kind wacht in der Nacht auf, will etwas, ruft, und kein Mensch antwortet. Es fühlt sich verlassen, allein der Finsternis preisgegeben. Objektiv ist das Kind natürlich nicht verlassen und nicht verraten worden, aber es hat sich verraten gefühlt. Dieses Verratserlebnis wirkt nach. Die ausgestandene Angst erzeugt Mißtrauen und ein Unsicherheitsgefühl in seiner Beziehung zu den Eltern.

Oder nehmen wir ein Beispiel aus meiner eigenen Kindheit: Ich habe als Kind unter einem Häßlichkeitsgefühl gelitten, ich habe mich für häßlich gehalten. Nun gibt es Fotos, die beweisen, daß dieses Gefühl unbegründet war, daß ich gar nicht häßlich gewesen bin. Doch war es die Art meiner Eltern, dem Kind niemals Komplimente zu machen, ihm nie zu schmeicheln. Somit kann ein Irrtum, eine Mißdeutung vernommener Äußerungen ebenso bestimmend sein wie kontrollierbare Tatsachen. In der Psychoanalyse Freuds spielt das Trauma, die seelische Verletzung, eine Rolle. Wir verkennen nicht, daß es solche Erlebnisse gibt. Aber wir halten dafür, daß die objektiven Gegebenheiten im Kindesalter sehr oft verkannt, mißdeutet werden. Die ganzen Eifersuchtserlebnisse der Kinder gegenüber Mutter, Vater, Brüdern und Schwestern entsprechen einer äußerst unsicheren, tendenziösen Apperzeption (dem bewußten Erfassen von Wahrnehmungen).

Die Adlersche Auffassung, die ich auch heute noch teile, seine Als-ob-Psychologie, fordert und fördert zugleich die Erforschung der individuellen Erlebnisweise, des subjektivisierenden Apperzeptionsschemas, dem gemäß Erlebnisse so verzerrt werden können, wie etwa eine Code-Maschine eine Mitteilung sprachlich bis zur Unkenntlichkeit verzerrt.

Es ist klar, daß das Kind zunächst völlig abhängig von anderen Menschen ist. Abhängig von den ersten Bezugspersonen, in der Regel den Eltern. Wenn nun ein zweites Kind geboren wird, verschiebt sich dieses Bezugssystem, das Kind wird abgesetzt, entthront durch das neue Kind, und es versucht nun, seine vorherige zentrale Position zu bewahren.

Das Kind muß lernen, seine Beziehungen nicht als vertikale, sondern horizontale zu sehen. Für die Menschheit ist es wichtig, ihre Beziehungen auf dieser horizontalen Linie zu gestalten. Konkurrenz besteht nicht zwischen Sohn und Vater um die Gunst der Mutter, sondern eher zwischen den Brüdern. Wesentlich ist also, inwieweit das Kind fähig wird, Freund zu sein, mit seinesgleichen gleich zu sein und nicht entartet zu werden in dem Sinne, daß es in jedem Menschen einen Gegner, jedenfalls einen Konkurrenten sieht, dem es seine Überlegenheit beweisen muß.

Sie meinen, daß jeder Mensch lernen muß, in herrschaftsfreie Beziehungen einzutreten.

Am Anfang ist die Überlegenheitssucht, das Herrschaftsstreben nicht notwendig gegeben – das entsteht aus ganz bestimmten, rein psychischen Bedingungen. Das ältere Kind will über das jüngere Kind herrschen, das jüngere Kind dadurch, daß es schwach wird, um die ganze Aufmerksamkeit, alle Sorge der Eltern auf sich zu ziehen.

Für uns geht es also nicht – wie bei Freud – um die Analyse eines psychischen Mechanismus, um ein mechanistisches Modell, für uns ist die Psychologie in erster Linie Beziehungsanalyse. Und ich behaupte, als Adlerianer und aufgrund eigener Einsichten, daß wir mit diesem Ansatz das doppelte System von vertikalen und horizontalen Beziehungen besser analysieren können.

Das Generalthema Ihrer und der Adlerschen Psychologie wäre also die Auseinandersetzung mit mißglückten Versuchen, Beziehungen herzustellen und die soziale Umwelt zu verstehen. Adler spricht von Kompensationsleistungen, die erbracht werden müssen, um den Durchbruch zur Mitmenschlichkeit zu schaffen.

Von Anbeginn erlebt der Mensch seine Unzulänglichkeit gegenüber den Anforderungen des organischen, seelischen und schließlich des sozialen Lebens. Er erlebt seine Minderwertigkeit im Vergleich mit allen, die ihn umgeben – sie sind Riesen, die sprechen, sich beliebig bewegen können und tun, was sie wollen. Er ist sozusagen in einer Entwicklungstriade: Er muß sich selbst so erleben, wie er nicht sein möchte, schwächer als alle und allen unterlegen. Er muß diesen Zustand überwinden; hinter sich lassen – das sind These und Antithese. Die gelungene Überwindung all dessen, was ihn zurückzuhalten und zu bremsen droht, das ist die Synthese. Dies alles ist ein unendlicher Lauf, das Psychische selbst ist ein Produkt einer Kompensation und wird selbst wiederum Ausgangspunkt für neue Erweiterungen und Kompensationen.

Sie beschreiben also eine dialektische Psychologie, eine Psychologie, die von Widersprüchen ausgeht.

Ja, so ist es. Das Seelische ist eine Leistung, eine stete Leistung gegenüber einer Welt, die ununterbrochen Anforderungen stellt. Der Mensch wird vom Leben immer wieder auf Bewährungsproben, vor Aufgaben gestellt, die organisch, psychisch und sozial sind. Menschwerden heißt kompensieren, sich über den unzulänglichen Zustand, in dem man zur Welt gekommen ist, hinausheben.

Eine der wichtigsten Kompensationsleistungen ist aber wohl gemäß Adler die Entwicklung des Gemeinschaftsgefühls. Er ging sogar so weit, dieses Streben nach Gemeinschaftsgefühl als angeboren anzusehen.

Das ist richtig, so wie Freud den Ödipus-Komplex gleichermaßen als angeboren ansah, als phylogenetisch vorgegeben, so hatte Adler die Neigung, das Gemeinschaftsgefühl als angeboren zu betrachten. Für mich hat die Adlersche These viel mehr Sinn als die Freudsche, und zwar deshalb, weil ja in der Natur immer wieder das Erstaunliche und Unerklärliche zu beobachten ist, daß über kurz oder lang kein Leben, auch kein tierisches Leben möglich ist, ohne daß ein Gemeinschaftsgefühl sich entwickelt. Die Natur hätte sich ausnahmsweise völlig geirrt bei der Schaffung des Menschen, wenn sie ihn nicht mit der Fähigkeit begabt hätte, mit anderen Menschen in Gemeinschaft zu leben, sich mit ihnen zu identifizieren.

Nun ist es aber fast schon die Regel, daß diese Kommunikation schiefgeht, daß der Mensch dem Menschen ein Wolf ist …

Die meisten Menschen nehmen sehr schnell, schon im Säuglingsalter wahr, was ihnen guttut, also beispielsweise der Kontakt mit der Pflegeperson, mit der engeren Umgebung, so daß sich schon sehr früh eine Ahnung, ich will das Wort Bewußtsein nicht verplempern, eine Ahnung von einer schützenden, nährenden, reagierenden Umwelt entwickelt. Ich war sehr gegen Adlers Auffassung vom angeborenen Gemeinschaftsgefühl, ich teile diese Auffassung auch heute nicht, aber sie überzeugt mich immer mehr. Ich beobachte im Fernsehen fast immer, wenn ich Zeit habe, Reportagen über Tiere, über die unterschiedlichsten Tiere. Und ich bin immer mehr und aufs tiefste beeindruckt über das, was man das Genie des Lebens nennen könnte. Das alles wird uns jetzt sichtbar dank des Teleobjektivs. Das, was dem Tier der Instinkt ist, das müßte den Menschen das Gemeinschaftsgefühl sein, nämlich die Fähigkeit zu erkennen, daß er nicht allein ist, daß jemand da ist, der sich um ihn kümmert. Ich würde mich, wenn ich heute ein junger Psychologe wäre, damit sehr viel beschäftigen.

Aber nicht automatisch und nicht problemlos setzt sich dieses Gemeinschaftsgefühl durch. Für Sie ist die Auseinandersetzung mit der Umwelt eine Leistung, die gelingen kann oder auch nicht.

Ich möchte in diesem Zusammenhang anmerken, daß es auch das Phänomen der Überkompensation gibt, also die Überleistung, und ich will erwähnen, daß besonders begabte Menschen zu Beginn ihres Lebens häufig minderwertig waren für das, worin sie dann später höchste Leistungen erzielt haben. Ich nenne nur die optischen oder visuellen Schwierigkeiten von großartigen Malern, die Hörschwierigkeiten von Musikern, die Linkshändigkeit von Künstlern und so weiter. Ich habe das in meinem ersten Buch nach meinem Bruch mit der kommunistischen Partei beschrieben, in: *Das Unglück, begabt zu sein.* Hinter diesem Titel steckt die Auffassung, daß vor dem beglückenden Gelingen der überkompensierenden Leistung erst einmal der Kampf um das unerträgliche Gefühl einer besonderen Minderwertigkeit steht.

Leistung, Kampf, Auseinandersetzung, Überwindung von Minderwertigkeit oder von Defiziten: ohne Herausforderung, ohne Aufgabe keine Weiterentwicklung. So könnte man formelhaft verkürzt Ihre und Adlers Psychologie beschreiben. Geglückte Erziehung heißt für Sie also, Widersprüche und Widerstände zu überwinden.

Die Wirklichkeit ist hart und unerbittlich. Psychisches Glück ist eine Überwindungsprämie. Ich will Ihnen ein Beispiel geben, das, glaube ich, von Alfred Adler stammt: Es ging um die Diskussion mit der Montessori-Schule. Adler und seine

Schüler sahen sehr viel Gutes im Montessori-System, aber es gab Widersprüche zwischen Marie Montessori und uns.

Adler sagte beispielsweise, wenn Sie eine Klinke an der Tür anbringen, die in der Höhe genau dem Alter und der Fähigkeit des Kindes entspricht, so daß es die Klinke herunterdrücken kann ohne Mühe, so ist das falsch.

Stellen Sie dem Kind Aufgaben, die ihm etwas mehr abverlangen, als es zu können glaubt. Das Kind soll sich ruhig auf die Fußspitzen stellen, um die Türe zu öffnen. *Das Fordernde fördert.* Dieses kleine Beispiel läßt sich hundertfach vervielfältigen.

Aber man muß doch unterscheiden zwischen Anforderungen und Leistungszwängen, die sinnvoll sind, und solchen, die den Menschen unterdrücken, beengen, eben nicht weiterentwickeln. Und dann ist doch die Verweigerung gerechtfertigt …

Es gab vor einiger Zeit in Deutschland, in Heidelberg, das sogenannte Sozialistische Patienten-Kollektiv. Das fällt mir dabei ein. Ich will diese Menschen nicht verurteilen, diesen Arzt, der das geleitet hat. Es ist sehr leicht, jetzt negativ zu urteilen. Ich bin bereit zu glauben, daß die Motivation subjektiv gut war. Tatsache ist allerdings, daß alles grauenhaft geendet hat. Im Grunde war alles falsch. Die Leute haben behauptet, daß nicht der Verrückte verrückt ist, sondern die Welt verrückt ist. Sie proklamieren, daß das Individuum gegen die Gemeinschaft recht hat. Sie begründen das mit den vielen Fehlern der Gesellschaft. Das hindert sie aber nicht daran, beispielsweise Arbeitslosenunterstützung, ärztliche Hilfe und vieles mehr zu verlangen. Das führt dann zu solchen Sätzen wie: Der Mörder ist das Opfer der Gesellschaft, und ähnlichem.

Nun gibt es aber auch andere, erfolgreicher verlaufende Modelle psychiatrischer Arbeit, etwa in Italien oder in anderen Ländern. Das Ziel ist ja dort eher, Menschen wieder in die Gesellschaft zu reintegrieren, sie gemeinschaftsfähig zu machen, indem man die Isolation aufhebt.

Ich verurteile solche Ansätze, die davon ausgehen, daß die Gesellschaft an allem schuld ist. Sie fordern immer von der Gemeinschaft. Aber wer ist die Gemeinschaft? Die Menschen.

MANÈS SPERBER

Manès Sperber wurde 1905 in Ostgalizien geboren. Während des Ersten Weltkrieges kam er nach Wien, wo er Schüler und Mitarbeiter Alfred Adlers wurde. In den Jahren 1927 bis 1933 lehrte Sperber Individualpsychologie in Berlin. 1934 emigrierte er nach Paris. Sperbers literarische Erfolge, seine Auszeichnungen aufzuzählen, wäre seitenfüllend.

Der Psychologe, der ein Romancier wurde, hat sich inzwischen »viele Illusionen, aber nicht die Hoffnung zerstören« lassen – sein Schicksal als Jude in Wien, als Verfolgter, als Emigrant hätte ihn zur Hoffnungslosigkeit berechtigt. Vielleicht hat die »psychologische Fundierung« seines politischen und literarischen Engagements ihn weiterhoffen und -kämpfen lassen: Seine Psychologie baut geradezu auf der Überwindung von Rückschlägen und Enttäuschungen auf.

Geschichte, auch persönliche Geschichte, ist »frei werden«, wie Adler es ausdrückte.

Frei werden wozu? Sperber verlangt vom Freien die bewußt eingegangene Bindung an die Gemeinschaft. In seinem Buch »Individuum und Gesellschaft«, geschrieben 1933, veröffentlicht Jahrzehnte später, wird dieser Grundgedanke ausgeführt. Manès Sperber starb 1984.

Sie fordern von anderen Menschen, was sie selbst nicht bieten wollen. Sie benutzen das Pathos der Schwäche, das Kranksein, so wie ein Kind, das geliebt und gepflegt werden will. Immer die ausgestreckte Hand: Was gibst du mir? Ein Mensch muß sich so verhalten, daß ihn die Gemeinschaft nicht als Last, als sinnlose Last empfindet. Die Gemeinschaft hat ein Recht, Leistung zu fordern, sie bietet ja auch Leistung. Das ist weniger eine moralische Sache, es ist die Sache des vernünftigen Lebens, der sozialen Logik, also der Lebenslogik. Menschen mit einem ausreichenden Gemeinschaftsgefühl wissen, daß der leidende Mitmensch sie in Anspruch nehmen muß, auch wenn er das nicht sagt. In der Bibel im Alten Testament steht: Du sollst nicht tatenlos zusehen, wenn einem Unrecht geschieht. Das heißt, wir sind alle verantwortlich für alle, oder übertrieben gesagt, wir alle sind an allem schuld. Das sind zum Teil übertriebene Formulierungen, aber im wesentlichen treffen sie das Richtige.

Zum Schluß erinnere ich Sie an den letzten Absatz der Einleitung zu meinem Buch »Individuum und Gemeinschaft«: »Das Grundproblem aller Psychologie ist des Menschen *Dasein* als ein stetes *Bezogensein.* Der Mensch ist eben nicht nur ein Produkt, sondern in hohem Maße ein *verantwortlicher Produzent* der Umstände in dem unentrinnbaren, dialektischen Verhältnis von Individuum und Gemeinschaft.«

(Mit Manès Sperber sprach Heiko Ernst)

Philip Zimbardo

»Schüchterne sind das Rohmaterial für jede autoritäre oder faschistische Politik«

Wer andere kontrollieren will – sei es als Erzieher, Gefängniswärter, Chef oder Politiker –, dem kommt eine weitverbreitete Eigenschaft zu Hilfe: die Schüchternheit vieler Menschen. Schüchternheit ist ein unsichtbares Gefängnis, in dem die zwischenmenschlichen Kontakte verkümmern. Der Sozialpsychologe Philip Zimbardo analysiert, warum Menschen schüchtern werden und wie Schüchternheit ausgebeutet wird.

Professor Zimbardo, Sie sind bekannt geworden durch Studien, in denen Sie einen sehr direkten Bezug zu gesellschaftlichen Problemen – Strafvollzug, Gewalttätigkeit, Anonymität – hergestellt haben. Die zentrale These in diesen Arbeiten ist, daß das Verhalten der Menschen entscheidend von der Situation, in der sie handeln müssen, mitbestimmt wird. So hat die simulierte Gefängnissituation in Ihrem berühmten Gefängnisexperiment aus netten Studenten sadistische »Wärter« und unterwürfige »Sträflinge« gemacht. Seit einiger Zeit beschäftigen Sie sich nun mit dem Problem »Schüchternheit«. Ist das eine Kursänderung? Schüchternheit ist eine Eigenschaft, *und damit weniger situations- als* personen*spezifisch.*

In meiner sozialpsychologischen Arbeit versuche ich immer, Theorie und Pragmatismus zu verbinden, Grundlagenforschung mit sozialer Nützlichkeit zu verknüpfen. Ich trenne nicht zwischen einer guten Idee und wissenschaftlicher Forschung und strebe eine Umsetzung von Forschung in Pragmatik an. Manchmal beginne ich mit einem theoretischen Ansatz, aber ich frage sofort nach dessen sozialer Bedeutung. Von Anfang an konzipiere ich die Forschungsarbeit so, daß die sozialen oder gesellschaftlichen Implikationen immer im Blickfeld bleiben. Ich wurstele also nicht erst in der Grundlagenforschung herum und frage dann, was ich eventuell mit dem Ergebnis anfangen kann. Was mich oft genug fasziniert, ist ein wichtiges soziales Problem, das ich erforschen und verstehen möchte. Der Prozeß des Verstehens führt dann manchmal zu Grundlagenforschung. Im Falle der Schüchternheit ist es also möglich, mit einem Phänomen zu beginnen, mit der Beobachtung, daß Studenten schüchtern sind, zu mir kommen und ihr Problem verstehen und bewältigen möchten. Ein sehr praktischer Ausgangspunkt also: Das Verstehenwollen einer Erfahrung, der Wille, sein Verhalten besser kontrollieren zu können.

Beim Versuch, diese »anwendungsbezogene« Frage zu lösen, fing ich an, Schüchternheit nicht als individuelles Persönlichkeitsmerkmal zu sehen, sondern als eine geistige Einstellung, ein Verhaltensmuster für zwischenmenschliche Beziehungen. Schüchternheit ist ein Produkt sozialer und kultureller Programmierung. Aus der Sicht eines schüchternen Menschen allerdings ist Schüchternheit eher ein Charakterzug, eine Eigenschaft. Schüchterne sind sich kaum der Ursprünge, der Entwicklung ihres Problems bewußt. Meine Analyse aber zeigt, daß Schüchternheit ein sozialpsychologisches Phänomen ist. Was wir an einem schüchternen Menschen beobachten, ist nicht nur das Produkt einer individuellen Sozialisation, sondern auch die Wirkung sehr mächtiger sozialer, kultureller und politischer Werte.

Wenn man die negativen Folgen schüchternen Verhaltens sieht, fragt man: Warum haben es die Agenten sozialer Kontrolle ganz gerne, daß es viele schüchterne Menschen gibt? Schüchtern sein heißt, seine Rechte nicht durchsetzen.

Warum glauben Sie, daß Schüchternheit für die »Kontrolleure« eine erwünschte Haltung ist?

Das kann ich an meinem Gefängnisexperiment verdeutlichen. Wir haben ein experimentelles Gefängnis geschaffen, um die Psychologie totaler Isolation zu untersuchen. Es gibt zwei Möglichkeiten, diese Frage anzugehen. Man kann Leute interviewen, die in Gefängnissen leben, das ist der übliche, der soziologische Ansatz. Der experimentelle sozialpsychologische Ansatz dagegen will die Merkmale einer solchen Umwelt analysieren, versucht sie also zu reproduzieren und Situationen herzustellen, in denen man beobachten kann. Es gibt zwar viele Unterschiede zwischen einem wirklichen Gefängnis und einem simulierten, aber dennoch war die Wirkung der experimentellen Situation psychologisch so stark, daß wir das Experiment nach einer Woche abbrechen mußten. Es wurde zu realistisch, zu brutal.

Ein Detailergebnis war: Die Funktion von Wärtern in Gefängnissen besteht darin, daß sie eine große Zahl von Gefangenen managen, kontrollieren. Dieses Menschen-Management ist nur dann erfolgreich, wenn die Kontrollierten gehorsam gemacht werden, wenn sie den Vorschriften folgen.

Es ist die Aufgabe der Kontrolleure, die Gefangenen dahin zu bringen, daß sie gehorsam sein wollen, daß sie »gute Gefangene« sein wollen. Wenn das einmal gelungen ist, dann – und das ist das Interessante – müssen die Kontrolleure nicht länger ihre Autorität herauskehren. Die Kontrolle ist dann »im Gefangenen« selbst. Die Gefangenen kontrollieren sich dann gegenseitig.

Das Gefängnis ist im Kopf ...

Genau. Im Hörsaal beispielsweise gilt ähnliches. Ich habe manchmal in einer Vorlesung 600 Studenten. Wenn jeder reden würde während der Vorlesung, müßte ich sofort aufhören. Die Regel heißt also: Wenn ich rede, müßt ihr still sein. Wenn also trotzdem geredet wird, brauche ich dennoch keine direkte Kontrolle auszuüben: Ich höre einfach auf und sehe die Kommilitonen des »Störers« an. Die üben dann schon Druck auf den Schwätzer aus.

Dasselbe findet man im Eltern-Kind-Verhältnis: Viele Eltern haben mir bestätigt, daß sie gehorsame, »liebe« Kinder bevorzugen, Kinder, die nicht zu lebhaft und selbständig sind. Viele Eltern haben lieber ein schüchternes Kind als ein selbstbewußtes. Probleme gibt es nur dann, wenn es »zu schüchtern« wird. Es gibt neue Untersuchungen in den USA über Lehrer in Elementarschulen. Sie wurden gefragt, welche Kinder ihnen am liebsten sind. Auch hier: die »braven«, die stillsitzen, nicht zu selbständig sind, nicht zu aktiv, nicht zu kreativ. Wenn die Lehrer dieses Verhalten also bevorzugen, dann verstärken und belohnen sie es auch. Diese Mentalität des Gehorsams wird überall einprogrammiert: In den Elementarschulen, in vielen Familien. Es gilt der Satz, Kinder soll man sehen, aber nicht hören. Das Ergebnis oder das Ziel dieser Programmierung sieht dann so aus: Kinder sind leicht zu lenken, sie akzeptieren später Dinge ohne Murren, die ihnen von den Autoritäten zugemutet werden, zum Beispiel Jobs, die langweilig und entwürdigend sind, und so weiter.

Das »Programm Schüchternheit« wird also auf alle Lebensbereiche übertragen. Es wirkt in allen Situationen, in denen etwas verlangt oder zugemutet wird.

Ja. Oberstes Ziel aller Autoritäten ist das reibungslose Managen von Menschen. Und das geht am leichtesten, wenn diese das zulassen und das System nicht in Frage stellen. Das beginnt in den sozialen Kleingruppen Familie und Schule und wirkt dann fort in fast allen Institutionen. Schüchternheit ist also die Internalisierung dieser sozialen Programmierung. Der Schüchterne gibt seine Freiheiten auf, beispielsweise seine Redefreiheit, seine Versammlungs- oder Koalitionsfreiheit, das Verhalten allgemein wird gehemmt, vorhersagbar, leicht kontrollierbar.

Sie haben über die »Kontrolleure«, die Agenten sozialer Kontrolle gesprochen, denen Schüchternheit eine willkommene Eigenschaft ist. Extreme Manipulation und perfektes Menschen-Management gibt es in Diktaturen. Sie haben auch über die Zusammenhänge von Faschismus und Schüchternheit spekuliert.

Ich glaube, daß das Vorhandensein großer Populationen schüchterner Menschen die Entwicklung autoritärer, totalitärer und faschistischer Kontrolle begünstigt und fördert. Ich sage nicht, daß Schüchterne faschistisch sind. Ich will die politische Bedeutung von Schüchternheit mit einer Analogie verdeutlichen: Wer unter Streß steht, ist anfälliger für Krankheiten. Und so sind schüchterne Menschen anfällig für Diktatoren. Wir haben Forschungsergebnisse, die zeigen, daß Schüchterne eindeutige, stark strukturierte Situationen bevorzugen. Sie ziehen autoritäre Beziehungen vor, in denen es klare Strukturen, Hierarchien, Regeln gibt. Unstrukturierte, offene oder demokratische Situationen dagegen sind weniger angenehm.

Denn Schüchterne sind typischerweise nicht Initiatoren von Handlungen, sie reagieren lieber, warten darauf, daß andere eine Situation vorstrukturieren, also mit einer Unterhaltung beginnen, Fragen stellen und so weiter. Zweitens: Wenn Schüchterne Überwachung und Kontrolle spüren, sind sie konform, akzeptieren das Expertentum, die Meinung von Autoritäten.

Drittens: Wenn Schüchterne in einer stark strukturierten Situation sind, können sie effektiver handeln oder arbeiten. Schüchterne können von Nicht-Schüchternen kaum unterschieden werden, wenn die Situation für alle sehr strukturiert ist. In dem Maße, in dem offene, unstrukturierte Situationen entstehen, Situationen mit mehr Freiheitsgraden und Entscheidungsmöglichkeiten, steigt die Angst und die Unsicherheit der Schüchternen. Ihr Verhalten wird davon beeinflußt, es wird ineffektiver. Das zeigt sich im nichtverbalen und im verbalen Verhalten. Und ausgeprägter bei Männern als bei Frauen. Denn in den meisten Gesellschaften ist männliche Schüchternheit etwas Negatives; Schüchternheit ist im Grunde ein »weiblicher« Zug.

Aber diese Rollenklischees – schüchterne, leicht errötende Frau, selbstbewußter, energischer Mann – sind doch längst nicht mehr gültig.

Aber das dauert noch lange, bis das der Realität entspricht. In den meisten Kulturen ist Schüchternheit immer noch »typisch weiblich«. – Noch mal zur Beziehung Schüchternheit – Politik:

Weil Schüchterne autoritäre Situationen demokratischen Situationen vorziehen, glaube ich, daß für sie Freiheit eine Last ist. Denn sie verlangt Initiative, Handeln, Risiken. Schüchterne sind eher bereit als Nicht-Schüchterne, auf einen Handel einzugehen, in dem sie ihre Freiheit für eine Illusion der Sicherheit hergeben. Diesen Handel bieten Diktatoren immer sofort an: Gib mir deine Freiheit, dann habe ich die kollektive Macht, um dir Sicherheit, Arbeit, Uniformen et cetera zu geben. Das ist eine Analyse, die sehr der von Erich Fromm in seinem Buch »Die Furcht vor der Freiheit« von 1966 ähnelt. Nur ist seine Analyse auf den deutschen Nationalcharakter beschränkt. Meine Analyse ist umfassender. Ich behaupte, daß in jedem Land die Schüchternen das »Rohmaterial« für reaktionäre, autoritäre oder gar faschistische Politik sind.

Sie haben vorhin Ihre Arbeitsweise, Ihren Einstieg in die sozialpsychologische Erforschung eines Problems angedeutet. Bei der Schüchternheit haben Sie interkulturelle Vergleiche angestellt, um die »Universalität« dieses Verhaltens nachzuweisen.

Ich bin auf keine Forschungsstrategie festgelegt. Festgelegt bin ich auf die Begeisterung für interessante soziale Probleme und Fragen und auf den Einsatz jeder nur verfügbaren Technologie, um diese Fragen zu untersuchen. Im Falle der Schüchternheit begannen wir mit Tiefeninterviews, dann mit Umfragen bei über 6000 Menschen. Dann folgten sehr gut kontrollierte Laborversuche, dann kam ein klinischer Ansatz, bei dem wir durch Therapie etwas über Schüchternheit lernen wollten. Jetzt beschäftigen wir uns schließlich mit interkulturellen Vergleichen, um das Phänomen in einem übergreifenden Kontext zu erforschen. Wir haben zum Beispiel herausgefunden, daß Schüchternheit in Israel und unter amerikanischen Juden wenig verbreitet ist, dagegen sehr häufig in einigen orientalischen Kulturen vorkommt, etwa in Japan oder Taiwan.

In der chinesischen Volksrepublik allerdings ist Schüchternheit fast nicht existent! Einer meiner Studenten, chinesischer Abstammung, ist nach Kanton gereist und wollte dort einen Schüchternheitsfragebogen verteilen. Sein Vorhaben wurde nicht genehmigt, denn – so wurde argumentiert – das Ausfüllen eines Fragebogens würde die Menschen selbstbewußt machen in dem Sinne, daß sie dauernd über sich selbst nachdenken, und das sei gegen den Geist der Kulturrevolution. Schüchternheit ist ja nichts anderes als extreme Beschäftigung mit sich selbst. Inzwischen gibt es viele Berichte von westlichen Besuchern, darunter auch Psychologen, die angeben, nicht ein einziges schüchternes Kind in chinesischen Schulen gesehen zu haben.

Bill Kassin von der *Yale University* hat eine Studie über Kindheit in China durchgeführt. Jede Art von Leistung oder die Aufforderung zu einer Handlung oder Selbstdarstellung wird in China nicht als angsterregend erlebt, sondern als Chance. Wenn man also ein Kind bittet, einem etwas vorzusingen, ziert es sich nicht lange wie bei uns und singt. Es betrachtet das Lied als ein Geschenk, das es geben kann, und nicht als eine Situation, in der sein Wert als Individuum zur Debatte steht.

Wichtig ist also der Bewertungsaspekt, das Vorhandensein von Leistungs- oder Bewertungsmaßstäben. Das Gefühl, ständig gemessen oder geprüft zu werden, begünstigt Schüchternheit …

Die Betonung des Ego, des Individuellen an sich, ist bei den Chinesen gleich Null. Bei uns betont die Gesellschaft immer sofort den Gedanken an Wettbewerb, Leistung und Scheitern – auch in ganz normalen zwischenmenschlichen Kontakten. Versagensangst und Schüchternheit sind Instrumente sozialer Kontrolle bei uns. Auch in Japan – woran sich zeigt, daß es nicht um ein »orientalisches« oder »westliches« Phänomen geht, sondern um ein gesellschaftliches. In Japan ist Schüchternheit sehr stark ausgeprägt. Ein Versagen schreibt sich der Japaner selbst zu, Erfolge werden der Gruppe oder anderen externen Umständen gutgeschrieben. Dieses Muster bewirkt, daß das persönliche Verhalten von Zurückhaltung und Verminderung jeglichen Risikos bestimmt ist.

In Israel das genaue Gegenteil: Kinder werden dort für die geringsten Leistungen überschwenglich gelobt. Scheitern oder Versagen dagegen wird externalisiert, den Umständen zugeschrieben. Dieses Muster fordert die Bereitschaft zu riskantem Verhalten, zur Risikofreude. Kein Wunder, daß diese Haltung – »Was kann schon passieren« – zur berühmten jüdischen Chuzpe führt. In Deutschland haben wir zwar nur eine relativ kleine Stichprobe von Menschen erforscht, aber überraschenderweise sind Deutsche sehr schüchtern. 50 Prozent der Befragten gaben an, daß sie immer schüchtern seien, und über 90 Prozent »gelegentlich«.

Vielleicht liegt das auch an der Fragetechnik. Wie gehen die Menschen auf die Fage ein: »Bin ich schüchtern?« Was wird da erfaßt? Das könnte fast eine der Lügenfragen aus bestimmten klinischen Fragebögen sein, die man schlecht verneinen kann, wenn man nicht unglaubwürdig werden will.

Man muß das ganze Fragemuster sehen. Es wird ja nicht nur gefragt, ob sich jemand für schüchtern hält oder nicht. Ich will meine Zahlen jetzt auch noch nicht überstrapazieren. Aber ich kann sagen, daß meine ursprünglichen Erwartungen über die Verbreitung von Schüchternheit weit übertroffen worden sind. Ich habe geglaubt, daß nur relativ wenige Menschen schüchtern sind. Es sieht nun so aus, daß in Amerika 40 Prozent der Bevölkerung sich für schüchtern halten. Das verwundert besonders Europäer, die die Amerikaner für extrovertiert und unkompliziert in Sozialkontakten halten. Aber die schüchternen Amerikaner kommen ja nicht nach Europa, sie reisen nicht.

Es gibt auch einen Unterschied zwischen öffentlicher und privater Schüchternheit. Man kann die angemessenen sozialen Fertigkeiten beherrschen und trotzdem innerlich Unbehagen,

PHILIP ZIMBARDO

»Erkläre nie eine Situation damit, daß du dir selbst Verantwortung zuschreibst, bevor du alle anderen Möglichkeiten oder Ursachen geprüft hast!« So ließe sich eine Maxime formulieren, auf die die sozialpsychologische Forschung Philip Zimbardos hinausläuft. Es ist zu seinem Markenzeichen geworden, die pathologischen Merkmale sozialer Situationen aufzuspüren. Der unterschätzte Einfluß der »Umstände« auf unser Verhalten – das ist das Thema der zahlreichen unkonventionellen Experimente Zimbardos. Das wohl bekannteste dürfte das *Stanford-Prison*-Experiment sein, in dem er 1971 den Keller des Psychologischen Instituts der Universität Stanford in ein zumindest psychologisch echtes Gefängnis umfunktionierte. Ähnlich wie im berühmten Gehorsamsexperiment von Stanley Milgram (der übrigens mit Zimbardo zusammen zur Schule ging), verwandelten sich nette Durchschnittsmenschen in bösartige und sadistische Typen. Nicht weil sie bösartig sind – sondern weil sie sich eine Situation definieren und aufzwingen ließen, in der bösartiges und inhumanes Verhalten »normal« war.

Vom »Rattenpsychologen«, der harte Grundlagenforschung betrieb und sich den engen akademischen Standards der amerikanischen behavioristischen Schule unterwarf, hat sich Zimbardo heute zu einem der vielseitigsten Psychologen entwickelt. In Deutschland ist er vor allem durch sein mehrfach ausgezeichnetes und in zahlreichen Neuauflagen erschienenes »Lehrbuch der Psychologie« (zusammen mit F. L. Ruch) bekannt geworden.

Angst und Verkrampftheit – eben Schüchternheit – spüren. Viele Menschen haben gelernt, eine Maske aufzusetzen, und sie bezahlen einen hohen Preis dafür.

Nun könnte man der Schüchternheit ja auch positive Seiten abgewinnen: Schüchterne sind weniger aggressiv, sie nerven einen nicht so wie allzu Selbstsichere. Und um beim kulturellen Aspekt zu bleiben: Es ist immer etwas verdächtig, kulturelle Verhaltensmuster anderer Völker zu kritisieren und ändern zu wollen. Die japanische Zurückhaltung und Unaufdringlichkeit hat sicher eine Funktion in dieser Kultur …

Ich würde dem zustimmen, wenn es darum geht, nicht in anderen Ländern aufzutreten und dort kulturelle Verhaltensmuster zu kritisieren, vor allem nicht in orientalischen Ländern. Das wäre zu kurzsichtig und zu arrogant, denn man ändert ja nicht ein Verhaltensmerkmal isoliert, sondern ein ganzes Geflecht von Verhaltensweisen, die in dieser Kultur einen Sinn haben.

Aber wenn wir einzelne Menschen fragen, ob sie ihre Schüchternheit als etwas Positives empfinden, wird es kaum jemandem geben, der dies bejaht. Schüchternheit ist für das Individuum eher eine Belastung, die es sehr gerne loswerden möchte, die Bereitschaft zur Änderung ist groß. In jedem Land, das wir bisher untersucht haben, möchten die befragten Menschen ihr persönliches Problem der Schüchternheit überwinden. Schüchternheit ist nur für die Agenten sozialer Kontrolle etwas Wünschenswertes.

Natürlich wird eine Gesellschaft oder Kultur als Ganzes verändert, wenn die Individuen ihre Schüchternheit überwinden, und ich glaube, wir können als Psychologen einiges dazu beitragen. Natürlich hat uns die betroffene Gesellschaft nicht darum gebeten. An dieser Stelle wird das Ganze eine Frage der Moral, der Ethik.

Glauben Sie, daß Ihr Schüchternheitskonzept zu einem Forschungsansatz werden kann ähnlich anderen sozialpsychologischen Arbeiten, die unser Denken über den Menschen beeinflußt haben, wie etwa Milgrams Gehorsamsexperimente oder Seligmans »erlernte Hilflosigkeit«?

Das scheint mir im Augenblick etwas vermessen zu sein. Je länger ich mich jedoch mit Schüchternheit befasse, desto umfassender wird mein Konzept, und ich sehe Schüchternheit immer mehr als einen psychologischen Zustand, der Menschen voneinander trennt und zwischenmenschliche Kontakte zerstört. So wird dieses Phänomen in meinen Augen immer mehr zu einem fundamentalen Aspekt sozialen Lebens. Schüchternheit verhindert, daß Menschen das geben – und empfangen –, was in ihnen steckt. Soziale Kontakte werden immer oberflächlicher. Und wenn man bedenkt, daß dies für fast die Hälfte der Bevölkerung zutrifft …

Welchen Stellenwert messen Sie in diesem Zusammenhang der sozialpsychologischen Forschung bei? Kann sie, wenn auch auf eine indirekte Weise, die Sie eben angedeutet haben, in gesellschaftliche Veränderungen eingreifen? Wird sie nicht zur Sozialtechnologie, die scheinbar »objektive« Erkenntnisse zur Verfügung stellt – wem auch immer?

Seit 1968 hat sich doch vieles nachhaltig verändert. Vielleicht nicht so sehr im primär politischen Bereich, aber zum Beispiel wird in der Psychologie viel stärker die Frage nach der Relevanz gestellt. In den USA ist außerdem der Zerfall des Behaviorismus eingeleitet worden, die experimentelle Forschung mit Tieren ist auf dem absteigenden Ast, auch die meisten Textbücher im Psychologiestudium beschäftigen sich viel mehr mit humanistischen Fragen. Vor 1968 war Sozialpsychologie eher ein Randgebiet, ein entfernter Vetter der Psychologie. Jetzt ist es ein Kernstück der Psychologie – die Rede ist vom sozialen Lernen, von sozialer Wahrnehmung, sozialer Entwicklung, sozial Bindestrich …

Der alte Elitegeist von Akademikern ist gerade bei Sozialwissenschaftlern immer mehr im Schwinden – mehr als etwa bei Forschern, die sich mit »reiner« Forschung, Grundlagenforschung beschäftigen und die die Anwendung den »Technikern« überlassen. Es gibt aber keine solchen »psychologischen Ingenieure«, wir selbst müssen Theoretiker, Forscher und »Techniker« in einem sein.

Sozialtechnologie, social engineering, *das sind Begriffe, die in Deutschland mit sehr viel mehr Mißtrauen gehört werden als in den USA. Mir scheint zu Recht, denn dahinter steckt die Philosophie, daß soziale Probleme grundsätzlich immer gelöst werden können, wenn man nur die richtigen Techniken einsetzt. Und es ist klar, wer die Auftraggeber für den »Psychotechniker« sind …*

Der Punkt, an dem ein Wissenschaftler glaubt, daß er Informationen besitzt, mit deren Hilfe sich die Lebensqualität der Menschen verbessern ließe, ist der Punkt, an dem er ein Werturteil fällen muß: Er muß nämlich jetzt irgendeine Intervention machen. Und jede Intervention ist ein ethisches Problem, denn etwas wird geändert, und es gibt Menschen, die diese Veränderung nicht wollen, und andere, für die sie vorteilhaft wäre. Nach dieser Entscheidung wird man zum Advokaten der Veränderung, eine ganz andere Rolle als die des Wissenschaftlers. Nach meinem Gefängnisexperiment habe ich beispielsweise vor Kongreßausschüssen gesprochen, ich war Gutachter und Sachverständiger bei Gerichtsverhandlungen. Alle diese Aktivitäten sind nicht wissenschaftlich.

Viele meiner Kollegen hielten sie für unangebracht, sie meinten, ich hätte meine Befugnisse als Wissenschaftler überschritten. Aber ich habe die Rollen ganz bewußt gewechselt. Selbst mit meinem Buch über Schüchternheit habe ich die wissenschaftlichen Grenzen überschritten, denn das Buch wurde für den Mann auf der Straße, für Laien geschrieben. Aber der andere Punkt, den Sie angesprochen haben, ist noch wichtiger: Politiker, Gesetzgeber wollen tatsächlich solche Informationen, die ihnen erlauben, Menschen zu verändern und zu kontrollieren, ohne das System ändern zu müssen. Das ist die wirkliche Gefahr. Deshalb müssen sich Psychologen schon im Ideenstadium ihrer Arbeit über die Relevanz im klaren sein, sie müssen immer den sozialen, politischen Kontext sehen. Und das Problem steckt oft genug nicht in den Menschen, sondern in diesem Kontext. Zum Beispiel gibt es in den USA den Wohlfahrtsapparat, in dem unter anderem die Armen für einen besseren Beruf ausgebildet werden sollen. Aber indem das geschieht, bleiben die Ursachen dieser Armut unangetastet. Das Problem ist nicht: Armut von Menschen, denen eine gute Ausbildung und soziale Fertigkeiten fehlen. Das Problem ist: ein System, das darauf beruht, daß ein großer Prozentsatz von Menschen arbeitslos bleibt.

Es gibt noch einen Bereich, in dem Psychologen immer wieder mit Problemen der Ethik konfrontiert werden: In ihren Experimenten setzen sie Menschen oft genug großen physischen und psychischen Belastungen aus. Mit welchem Recht?

Alle Interventionen, Therapien, Experimente und so weiter sind von vornherein ethisch problematisch. Das läßt sich nie vermeiden. Wesentlich bei allen Entscheidungen, die Eingriffe oder Veränderungen im Leben anderer beinhalten, ist eine humanistische Haltung, ein Besorgtsein um die Betroffenen. Daneben soll es eingebaute Sicherungen, Limits, für die Belastungen geben, denen Menschen ausgesetzt werden. Nach einem Experiment, in dem physischer und psychischer Streß für die Teilnehmer stark waren, muß ich dafür sorgen, daß der Erfahrungsgewinn für die Beteiligten maximiert wird, daß sie etwas »fürs Leben« gelernt haben.

Wenn du von den Menschen etwas kriegst, wissenschaftliche Daten, dann bist du verpflichtet, ihnen etwas zu geben. Man ist zwei Gruppen verpflichtet: Man muß den Beteiligten an der Forschung Informationen geben – im Fall des Gefängnisexperiments haben wir die Ergebnisse mit den Teilnehmern so diskutiert, daß ihnen die Prozesse, die da abliefen, für ihr zukünftiges Verhalten klarwurden. Und man muß der breiten Öffentlichkeit Informationen geben.

(Mit Philip Zimbardo sprach Heiko Ernst)

Die Interviewer

DANIEL GOLEMAN hat in Harvard Psychologie und Physiologie studiert. Er war langjähriger Mitarbeiter von *psychology today* und ist heute Wissenschaftsredakteur der *New York Times.*

ELIZABETH HALL war bis 1988 Redakteurin bei *psychology today* und lebt heute als Autorin in Washington.

URSULA NUBER ist Diplom-Psychologin und arbeitet als Redakteurin bei *Psychologie heute*.